김문수 리더십

Kim Moon-soo
Leadership

김문수 리더십

2025년 8월 6일 초판 1쇄 인쇄 발행

지은이	문태성
펴낸이	박종래
펴낸곳	도서출판 명성서림

등록번호	301-2014-013
주소	04625 서울시 중구 필동로 6 (2, 3층)
대표전화	02)2277-2800
팩스	02)2277-8945
이메일	msprint8944@naver.com

값 18,000원
ISBN 979-11-7439-022-6

본 책의 구성 및 맞춤법, 띄어쓰기는 작가의 의도에 따랐습니다.
이 책의 저작권은 저자와 도서출판 명성서림에 있습니다. 무단 전재 및 복제를 금합니다.
이 책 내용의 일부 또는 전부를 재사용하려면 반드시 저자와 도서출판 명성서림의 동의를 얻어야 합니다.
파본은 구입처에서 바꾸어 드립니다.

김문수 리더십

문태성 지음

명성서림

프롤로그

"이 사람은 도대체 누구인가?"
대통령 후보였던 김문수.
그의 이름을 들었을 때, 사람들의 반응은 비슷했다.
"아, 옛날 국회의원, 경기도지사… 그분?"
하지만, 조금만 그의 이야기를 들으면 생각이 바뀐다.
"어? 이 사람, 정말 이상한 사람이네."
그리고 조금 더 알게 되면 마침내 이렇게 말하게 된다.
"아, 진짜 큰 인물이구나."
김문수는 쉽게 설명되지 않는 사람이다.
기득권을 탐한 적도 없고 권력에 집착하지도 않았다.
그는 늘 '현장'에 있었다. 노동 현장, 거리, 길바닥, 그리고 민심 한복판에.
한때는 '위장 취업 노동운동가'로 오해받기도 했지만,
사실은 모든 기득권을 버리고 노동자로 내려간 사람,
감옥에 가는 걸 두려워하지 않았던 실천형 리더였다.

그런 그가 다시 정치의 전면에 섰다.
대통령 후보로 나섰고, 사람들은 '어쩌다?'라고 물었지만,
우리는 이제 묻지 않을 수 없다.
"어쩌다 대통령 후보가 된 것이 아니라, 오히려 왜 이제야 나왔는가?"
이 책은 김문수의 리더십을 다시 조명하고,
그가 걸어온 길에서 우리가 배워야 할 '참된 지도자의 본질'을 찾고자 한다.
리더십에는 여러 유형이 있다.
카리스마형, 서번트형, 전략형, 민주적 리더십, 변혁형 리더십 등등.
그러나 김문수는 그 어떤 이론에도 정확히 맞지 않는 인물이다. 그의 리더십은 이론보다 더 깊고, 행동보다 더 치열하며,
사람들 속에서 살아 숨 쉰다.

이 책은 한 사람의 삶을 통해, 우리 시대에 필요한 지도자는 어떤 사람이어야 하는가를 묻는 책이다.

지금 대한민국은 혼란과 분열 속에 있다.
정치가 국민을 위로하지 못하고,
지도자들이 진영과 정략에 갇힌 채 국민을 잊었다.
그럴수록 김문수 같은 리더십이 더욱 절실해진다.

소리 없이 민심 속을 걷는 사람,
싸우되 증오하지 않는 사람,
믿음과 정의로 흔들리지 않는 사람.
이 책을 통해 우리는 김문수라는 사람을 더 깊이 이해하게 될 것이다.
그를 좋아하는 사람들은 더욱 사랑하게 될 것이고,
그를 몰랐던 사람들은 "이런 인물이 있었단 말인가?"라고 놀라게 될 것이다.
이 나라를 진정으로 걱정하는 모든 이가 김문수의 리더십에서 새로운 희망의 가능성을 발견하게 되리라 믿는다.

2025년 여름
저자 문태성

차례

프롤로그 05

Part 1 김문수, 사람의 본을 세우다
1. 빈농의 아들에서 노동운동가까지: 험한 길을 자처한 삶 14
2. '위장 취업' 아닌, 진짜 투신: 현장 속으로 들어간 지도자 18
3. 감옥에서 피어난 결단: 리더란 무엇인가에 대한 첫 깨달음 23
4. 신념의 뿌리: 자유민주주의와 시장 경제를 향한 길 28
5. 신앙과 철학: 영성과 정치, 공존하는 두 축 33

Part 2 김문수의 리더십 유형 분석
6. 카리스마형 vs 서번트형 vs 실천형: 김문수는 누구인가? 42
7. 행동하는 리더십: 말이 아닌 실천으로 이끈 지도자 46
8. 공동체 중심 리더십: 개인이 아닌 나라를 위한 비전 51
9. 갈등을 껴안는 리더십: 투쟁과 통합 사이에서 균형 잡기 56
10. 실패를 자산으로 바꾸는 회복형 리더십 61

Part 3 시대가 요청한 김문수의 정치
11. 국회의원 시절: 개혁적 보수의 모범 68
12. 경기도지사 성과와 한계 72
13. "나는 대통령이 되고 싶은 게 아니라, 나라를 살리고 싶다" 77
14. 김문수와 대한민국 우파의 역사 82
15. '시스템'이 아닌 '사람'에 주목한 정당 정치 86

Part 4 김문수 리더십, 왜 다시 주목받는가?

16. 윤석열 시대 이후, 대안은 있는가?	94
17. 탄핵과 분열의 시대, 통합의 아이콘 김문수	98
18. 대화와 거리에서 찾는 민심의 진실	103
19. MZ세대와의 접점: 시대와 세대 넘나드는 소통	108
20. 국민 속으로 들어간 '낡지 않은 사람'	112

Part 5 김문수를 좋아하게 되는 이유들

21. 미담 제조기: 까도 까도 미담뿐인 사람	120
22. 적에게도 진심을 다하는 품격	125
23. 시민과 대화하는 습관, 듣는 리더의 미학	130
24. 매일 기도하고, 매일 걷는 자기관리형 리더십	134
25. 그를 아는 이들이 말하는 '진짜 김문수'	139
26. 가족 사랑, 울보 김문수	143
27. 가까이 갈수록 좋아지는 사람의 힘	148
28. 비판도 품는 너그러움과 유쾌함	152
29. 김문수는 왜 믿을 수 있는 사람인가?	156
30. 김문수는 왜 다시 필요한가?	161

Part 6 국민이 배워야 할 김문수 리더십

31. 행동이 사상이다: 일상 속 실천력	168
32. 시대를 꿰뚫는 혜안과 철학	173
33. 좌절 속에서도 희망을 붙드는 인내	179
34. 기도하는 지도자, 무릎으로 다스리는 리더	184
35. 진영이 아닌 원칙과 정의로	190

Part 7 선거에서 발휘될 김문수 리더십의 미래

36. 패배에도 남는 것: 김문수가 남긴 유산   198
37. 차기 대선과 당의 혁신을 위한 좌표   202
38. 원로의 길? 아니, 다시 시작되는 길   208
39. 김문수, 정치에서 정신으로   213
40. 대통령이 되지 않아도 대통령 같은 사람   219

Part 8 김문수가 꿈꾸는 미래 비전

41. 모두가 일하는 나라: 근로와 자립의 공동체   228
42. 부모가 존중받는 사회: 효와 가족 공동체의 회복   232
43. 청년이 꿈꾸는 나라: 용기와 도전의 청년 정신   242
44. 가정을 지키는 나라: 교육과 가족 중심 정책의 회복   247
45. 믿음이 숨 쉬는 자유의 공화국   252
46. 정의가 실현되는 나라: 법 위에 있는 양심의 힘   257
47. 약자를 지키는 복지 국가   263
48. 신뢰받는 공공과 투명한 정부   268
49. 국민이 나라의 주인 되는 정치   274
50. 지방이 살아야 나라가 산다: 균형 발전과 자치의 철학   279
51. 나라다운 나라, 사람답게 사는 세상   285
52. 통일을 준비하는 실용의 국가 전략   290
53. 세계 속의 위대한 대한민국, GREAT KOREA   295

에필로그 대한민국은 어떤 리더를 원하는가?   301

Part 1.

김문수,
사람의 본을 세우다

1. 빈농의 아들에서 노동운동가까지:
험한 길을 자처한 삶

"내가 공부를 좀 해서 서울대를 갔지만,
서울대보다 더 큰 학교는 노동자들의 삶이었다."

김문수는 최근 2025년 7월 한 모임에서 나라 걱정을 갖게 된 동기에 관해, "경북중학교 2학년 때 대구 남구 출신 이효상 국회의장(1963~1971)의 강연을 듣게 되었는데, 국회의장이 한일 국교 정상화를 얘기하며 나라를 구해야 된다고 간곡히 말씀하셔서, 보통은 집안이 잘돼야 된다는 교육만 받다가 처음으로 바깥세상인 '나라'에 관해서 생각을 갖는 계기가 되었다."라고 했다.

또, 그 뒤 경북고등학교에서 서울대 진학을 한 후에, "대학에 들어가 봤더니 학생들이 순전히 자기 개인의 출세만 하려고 공부를 하기에 그게 가짜같이 보여서, 진짜 삶이 있는 다른 길인 노동 운동을 하게 됐다."라며, "중학교 때 나라 생각을 하는 마음을 품게 되었고, 진짜 삶을 위해 나는 그들과 다른 노동자의 길을 걸었다"라고 술회하였다.

김문수는 '엘리트 코스'를 거부한 인물이다.
그는 서울대를 입학하고도, 고시 공부 대신 공장으로 갔다.

대한민국에서 그 시절에,
'서울대 다닌 사람이 노동자로 취직했다'는 이야기는 기이한 뉴스였고,
어떤 사람들은 그를 향해 '위선자', '위장 취업자'라 조롱하기도 했다.
그러나 김문수는 흔들리지 않았다.
그는 생각만 하는 사람이 아니라 직접 행동하는 사람이었다.

가난한 가정에서 태어난 한 소년

1951년, 경북 영천에서 4남 3녀 중 여섯째로 태어난 김문수는 어린 시절부터 어려운 가정 환경에서 자랐다.
그는 아버지의 빚보증 실패로 유년 시절 경제적 고난을 겪으며, 가난이 무엇인지 뼈저리게 알았다.

비좁은 집, 거칠게 갈라진 손,
밥보다 노동이 먼저였던 시절이었다.
그는 종종 말했다.

"나는 민초의 삶을 알아. 민초로 살아봤으니까."

그 말은 허세가 아니었다.
그의 삶은 농촌의 땀과 눈물 위에 자라난 것이었고,
그는 그 뿌리를 단 한 번도 부끄러워한 적이 없었다.

엘리트의 길이 아닌 민중의 길로

서울대학교에 입학한 뒤,
그는 이미 보장된 인생을 살 수 있었다.
당시 서울대는 곧 '출세'의 상징이었다.
그러나 김문수는 오히려 다른 길을 택했다.
1970~80년대, 대한민국은 산업화와 민주화가 충돌하던 시기였다.
학생 운동과 민중 운동의 물결 속에서
그는 머리가 아닌 가슴으로 움직였다.

그는 말한다.

"내가 왜 공장에 들어갔느냐고?
민중의 삶을 모르고 어떻게 정치를 하나?
그들과 함께 살아보지 않으면, 그 고통을 알 수 없으니까."

그는 진짜로 공장에 들어갔다.
그리고 노동자의 삶을 뼛속까지 체험했다.
일당 몇천 원에 맞춰야 하는 생산량,
하루 종일 화장실도 마음대로 못 가는 작업 환경,
야근과 산업 재해, 불합리한 해고와 노조 탄압까지.
이것은 강의실이나 서적에서 배운 이론이 아니었다.
그가 직접 흘린 땀과 눈물 속에서 몸으로 새긴 진실이었다.

감옥에서 쓴 일기장 한 권

노동 운동을 하면서 그는 여러 번 체포되고 구속되었다.
그중에는 형법과 국가보안법 위반 혐의도 있었다.
그가 쓴 일기장에는 이런 구절이 있다.

"감옥은 답답한 공간이지만, 나를 가장 자유롭게 만든 곳이다. 여기서 나는 왜 정치를 해야 하는지를 다시 생각했다."

고통 속에서 철학이 싹텄고,
절망 속에서 비전이 시작되었다.
그는 단지 부당한 현실을 비판하는 사람이 아니라,
그 현실을 바꾸기 위해 몸을 던지는 사람이었다.

노동 현장 속에서 정치를 배우다

이후 김문수는 노동자들의 권리를 대변하기 위해
노조 설립 운동, 노동법 개정 촉구 활동 등 수많은 실천을 해왔다.
정당 정치에 뛰어든 것은 훨씬 나중의 일이었다.
그에게 정치는 출세가 아닌 사명이었다.
그가 일관되게 외쳐 온 말은 이렇다.

"정치는 국민의 삶을 바꾸는 일이다.
그 국민이 어떤 삶을 사는지를 직접 보지 않고
어떻게 그들을 위한 정치를 하겠는가?"

정리하며

김문수의 인생은 험한 길을 일부러 선택한 삶이었다.
그 길은 쉽지 않았고, 때로는 비난과 오해도 따랐다.
그러나 그는 결코 돌아서지 않았다.
왜냐하면 그는 '국민 속에서 시작한 사람'이기 때문이다.
김문수의 리더십은 바로 이 '국민 속에서 자란 실천적 삶에서 비롯된다.
그는 국민을 위한 정치를 말할 자격이 있는 사람이다.
왜냐하면 국민의 고통을 직접 살아본 리더이기 때문이다.

2. '위장 취업' 아닌, 진짜 투신:
현장 속으로 들어간 지도자

김문수라는 이름 앞에는 오랫동안 따라붙는 수식어가 있다.

바로 '위장 취업 노동운동가'라는 꼬리표다.
그러나 이 표현은 사실과 다르다.
단순히 신분을 감추고 노동 현장에 들어간 것이 아니라,
그는 진심으로 그 현장에서 함께 살아간 사람이었다.
정치적 목적이 아니라 인생의 소명으로,
한 개인의 전략이 아니라 한 인간의 결단으로.

시대가 만든 선택? 아니다, 스스로 선택한 길

1980년대, 서울대 출신의 엘리트들이 노동 운동에 관심을 가졌던 것은 사실이다.
그러나 대부분은 '운동권'의 일환으로 노동계에 접근했지,
그 삶 자체를 살아낸 경우는 드물었다.
김문수는 달랐다.
그는 진짜 노동자처럼 살았다.
기숙사에서 같이 잠을 자고, 같은 식판으로 밥을 먹고,
같은 라인에서 기계를 돌리고, 땀과 기름에 젖은 몸으로 퇴근했다.

"나는 노동자였다.
위장이 아니라, 진짜였다."

그는 노동을 '경험'하러 들어간 것이 아니라,

자기 삶으로 받아들였다.

'위장 취업'이라는 오해

물론 정권은 그를 좋게 보지 않았다.
당시 정권과 언론은 그를 '서울대 출신 운동권',
'위장 취업을 통한 선동가'로 몰아세웠다.
하지만 김문수는 그러한 프레임에 결코 휘둘리지 않았다.
그는 변명하지 않았다.
다만 이렇게 말했다.

"내가 위장했는지, 투신했는지는
함께 땀 흘린 노동자들이 안다."

그 한마디는
스스로를 드러내지 않으면서도 진실을 지키는 사람의 품격을 보여 준다.

감옥과 수배, 그래도 흔들리지 않은 믿음

노동 운동의 선봉에 섰던 김문수는 수차례 수배를 당했고,
감옥살이도 몇 번이나 했다.

구치소에서 쓴 편지에는 이런 구절이 있다.

"나는 지금, 진실을 위한 불편함을 살고 있다.
언젠가는 이 불편함이 세상을 바꾸는 힘이 되리라 믿는다."

그는 거창한 이념을 말하지 않았다.
오히려 노동자들과 함께 일하는 그 시간 하나하나를
삶의 진리로 받아들였다.

왜 그는 그 길을 택했는가?

김문수가 택한 길은
'정치인 김문수'를 위한 포석이 아니었다.
그는 정치를 꿈꾸기 전부터 이미 지도자였다.
누군가의 고통을 자기의 고통으로 받아들이는
진심의 리더였다.
그가 노동 현장에서 배운 가장 큰 교훈은
'경청'과 '헌신'이었다.
목소리 큰 사람보다,
눈을 맞추고 귀 기울이는 사람이 진정한 리더라는 것을
그는 몸으로 체득했다

지도자는 현장에서 태어난다

현장에는 교과서에 없는 진리가 있다.
공장에서, 기숙사에서, 노동자 식당에서
그는 '사람'과 '삶'을 배웠다.
누구도 그를 위해 박수 치지 않았지만,
그는 그곳에서 지도자의 자격을 스스로 만들어 갔다.
정치는 멀리 있는 것이 아니다.
그는 나중에 경기도지사가 되어서도,
국회의원이 되어서도

언제나 "나는 현장에 있다."라는 신념을 잃지 않았다.

정리하며

김문수는 위장 취업자가 아니다.
그는 진짜로 자신을 던진 사람이다.
자기 명예, 자기 안전, 자기 미래를 포기하면서
오직 국민의 삶을 이해하고자 했던 리더다.
그는 이렇게 말한다.

"내가 살아본 곳, 내가 아파 본 현장이 아니면

그 고통을 대변할 자격이 없다."

이것이 바로 김문수 리더십의 핵심이다.
그리고 이 진정성이야말로
우리가 지금 다시 김문수를 바라보아야 하는 이유다.

3. 감옥에서 피어난 결단:
리더란 무엇인가에 대한 첫 깨달음

사람은 고통 속에서 진짜 자신을 만난다.
김문수에게 감옥은 고통의 장소이자,
삶과 리더십을 깊이 성찰하는 영적 훈련의 시간이었다.
1980년대 군사정권 아래에서 노동 운동을 하던 그는
반복적으로 체포되고 구금되었다.
구치소에서의 날들은,
고립과 두려움, 자기 회의와 외로움의 연속이었다.
하지만 바로 그곳에서 그는 지도자의 눈을 떴다.

고통은 리더를 단련한다

사복 경찰에게 연행되어
밤샘 조사를 받고,
"왜 그런 짓을 했냐"라는 추궁 속에
김문수는 이렇게 말했다고 한다.

"나는 잘못한 것이 없습니다.
다만 약자 편에 섰을 뿐입니다."

진실을 말했을 뿐인데,
그 진실은 당시 체제에서는 '위험한 언어'였다.
그는 구속되어 갇히는 순간에도
스스로를 변명하지 않았다.
침묵과 기도, 그리고 결단이 그를 지탱했다.

감옥 속 일기장, 내면의 성찰

그가 옥중에서 쓴 일기장에는
리더십의 본질이 녹아 있다.
그는 감옥 안에서 자신에게 이렇게 물었다.

'나는 왜 이 길을 걷는가?'
'내가 정말로 바꾸고 싶은 것은 무엇인가?'
'고통받는 사람들을 위해 내가 할 수 있는 일은 무엇인가?'

그 질문은 단지 정치적 전략이 아니라,
인간으로서의 소명에 관한 답이었다.
그리고 그 대답이 바로 리더로서의 첫 출발점이 되었다.

리더란, 고난을 견디는 자다

감옥에서 그는 많은 책을 읽었다.
성경, 철학서, 정치 이론서, 역사서.
하지만 그에게 가장 큰 교과서는
스스로의 내면이었다.
외로움 속에서도
그는 분노하거나 타인을 탓하지 않았다.
오히려 이렇게 다짐했다.

"나는 이 감옥에서 나가면,
다시 사람들 속으로 들어가겠다.
그리고 다시 약자들의 편에 서겠다."

그 결심은 형식이 아니라 진심의 맹세였다.
감옥은 그에게 '포기'를 가르치지 않았다.
오히려 '더 깊은 헌신'을 요구했다.

용서는 힘 있는 자의 특권이다

감옥 생활은 그에게 세상을 다르게 보는 눈을 주었다.
억울한 사람들, 사회의 그림자 속에 살아가는 이들을 만났고,
그들의 아픔이 곧 '국민의 현실'임을 깨달았다.
그는 그때부터
'정치란, 원수를 갚는 일이 아니라
상처를 품는 일'임을 배우기 시작했다.
그리고 나중에 정치인이 된 이후에도
자신을 모욕한 사람, 오해한 언론,
심지어 정치적 공격을 가한 상대조차도
그는 미워하지 않았다.
김문수 리더십의 핵심은
강한 신념과 부드러운 품성의 공존이다.

옥중에서 태어난 또 다른 지도자들

김문수는 종종 감옥 속에서 배운 이야기를 하며
다른 지도자들을 언급한다.
넬슨 만델라, 김대중, 바츨라프 하벨, 그리고 이순신....
그는 이들의 공통점이 '감옥 속에서 지도자로 다시 태어났다는 점'에 주목한다.
김문수 역시 그들과 같이
고통을 성찰로,
절망을 사명으로 바꾼 사람이었다.

정리하며

김문수는 감옥에서 무너지지 않았다.
오히려 그곳에서
정치란 무엇인가,
지도자는 어떤 존재여야 하는가를 배웠다.
그는 다시 자유의 몸이 되었을 때,
더 이상 과거의 그가 아니었다.
신념에 행동이 더해지고,
고난에 사랑이 더해진 지도자로 거듭났다.
김문수 리더십은 '감옥에서 피어난 결단'의 역사로부터 시작된다.

그는 권력의 유혹보다

사명과 진실을 택한 사람이다.

그리고 그것이

오늘날 우리가 '김문수'를 다시 주목해야 하는 이유이다.

4. 신념의 뿌리:
자유민주주의와 시장 경제를 향한 길

김문수의 정치 여정은 흔히 '운동권 출신 보수 정치인'이라는 말로 요약된다.

그러나 이 표현은 그의 진면목을 제대로 설명하지 못한다.

김문수는 단순히 노선을 바꾼 사람이 아니다.

시대의 모순을 뚫고, 현실의 실험 속에서

신념의 뿌리를 스스로 세운 사람이다.

그 신념은 '자유'와 '책임', 그리고 '시장'과 '공동체'라는 두 축으로 깊게 뻗어 있다.

진보에서 보수로? '진짜 자유인'으로

김문수는 1980~90년대 진보 진영의 상징 같은 인물이었다.
노동 운동, 민주화 운동, 반독재 투쟁의 전면에 서 있었고,
함께 활동했던 수많은 운동가가 그를 '동지'로 기억한다.
그러나 2000년대에 접어들며
그는 한나라당(현 국민의힘)의 깃발을 들고 보수 정치에 입문했다.
많은 사람이 "왜?"라고 물었다.
그의 답은 간결하고 단단하다.

"나는 보수가 아니라, 자유를 택한 것이다."

그는 좌파냐 우파냐의 이념보다
국민의 삶을 실질적으로 바꾸는 정치를 원했다.
그 길이 곧 자유민주주의였고,
그 토대가 시장 경제임을 그는 현장에서 깨달았다.

자유민주주의는 '선택의 권리'다

김문수는 민주주의를 단순히 '투표'로 이해하지 않았다.
그는 민주주의란

"국민 각자가 자기 삶을 선택할 수 있는 권리"라고 정의한다.

국가가 대신해 주는 것이 아니라,
국가가 간섭하지 않는 가운데
국민이 자기 길을 책임지고 걸어가는 사회.
그것이 김문수가 말하는 자유민주주의의 핵심 가치였다.
그는 말한다.

"자유 없는 평등은 독재고,
책임 없는 자유는 방종이다."

시장 경제, 인간 본성을 반영한 가장 현실적인 시스템

김문수는 기업가 정신과 시장 경쟁을 지지한다.
그는 수많은 노동 현장을 경험하며,
동시에 기업이 없이는 일자리도, 복지도 불가능하다는 사실을 절감했다.
시장은 완벽하지 않지만,
국가가 모든 것을 통제하는 것보다 훨씬 인간적이고 효율적이라는 것이
그의 결론이다.
그래서 그는 정치인 시절
기업을 옥죄는 규제보다는
도전과 창업, 일자리 창출을 지원하는 정책에 집중했다.

그의 슬로건은 늘 같았다.

"일자리가 최고의 복지다."

북한 문제와 자유의 시선

김문수의 '자유'에 관한 철학은
북한 문제에 있어서 더욱 명확해진다.
그는 북한 정권의 폭압을 강하게 비판하면서도,
북한 주민에 관해서는 따뜻한 시선을 잃지 않는다.

"나는 북한 주민들이
자유롭게 말하고,
자유롭게 이사하고,
자유롭게 선택할 수 있는 세상을 꿈꾼다."

그는 평화보다 자유가 우선이라는 확고한 철학을 갖고 있다.
자유 없는 평화는
무기력한 침묵일 뿐이라는 것이다.

신념은 관념이 아니라 실천이다

김문수는 자유민주주의와 시장 경제라는 단어를
이념이나 교리처럼 다루지 않는다.
그는 이것이 국민을 위한 실제적인 도구여야 한다고 본다.
시장을 지키는 이유는
국민에게 더 많은 기회를 주기 위함이고,
자유를 지키는 이유는
국민이 더 행복한 삶을 누리기 위함이다.

정리하며

김문수는 좌파에서 우파로 간 것이 아니다.
그는 현실 속에서, 국민의 삶 속에서,
더 나은 길을 찾아 움직인 자유의 정치인이다.
그가 선택한 자유민주주의와 시장 경제는
'보수'라는 한 단어로 묶을 수 없는
철저히 국민 중심의 실용적 리더십이었다.
김문수의 리더십은
이념보다 신념,
말보다 실천,
대립보다 통합에 가까운

살아 있는 자유주의 리더십이다.

5. 신앙과 철학:
영성과 정치, 공존하는 두 축

많은 정치인이 정치와 종교를 철저히 분리하려 한다.
신앙은 개인의 영역이고, 정치는 공공의 영역이기 때문이다.
그러나 김문수는 다르다.
그는 신앙을 내세우지 않지만, 숨기지도 않는다.
그의 정치에는 기도하는 무릎이 있었고,
그의 결단에는 믿음에서 비롯된 용기가 있었다.
그에게 신앙은 정치의 도구가 아니라
삶의 방향을 바로잡아 주는 나침반이었다.

'하나님께 물어보고 결정한다'

김문수는 중요한 정치적 결정을 앞두고
기도로 시작하는 습관이 있다.

그는 고백한다.

"내가 기도하지 않으면,
내 안의 욕망과 분노가 판단을 지배한다.
그래서 나는 기도하고, 내려놓는다."

그의 이런 태도는 종교적 엄숙주의가 아니라
자기 절제와 통찰을 위한 실천적 영성이다.
정치의 유혹이 클수록,
그는 스스로를 낮추고 하나님의 뜻을 묻는다.

신앙은 위로가 아니라 사명이다

김문수는 교회를 다니고, 성경을 읽으며,
시간이 날 때마다 기도한다.
그러나 그의 신앙은 개인적인 '위안'에 머무르지 않는다.
오히려 현장 속 고통받는 이들을 위해
무엇을 해야 할지를 일깨우는 책임감의 근거다.

그는 "신앙은 나 혼자 복 받기 위한 것이 아니라,
고통받는 이웃의 짐을 함께 지는 것"이라고 말한다.

그래서 그가 감옥에서도, 노동 현장에서도,
그리고 정치의 한복판에서도
포기하지 않았던 것은 바로 '섬김의 자세'였다.

공공성과 신앙, 충돌이 아닌 균형

신앙이 강한 정치인은
자칫 '편향'이나 '선민의식'으로 오해받기 쉽다.
김문수 역시 이런 경계선에 있었지만,
그는 결코 자신의 신앙을 타인에게 강요하지 않았다.
오히려 불교인, 천주교인, 무교인들과도
깊이 있는 대화를 나누며 함께 걸어왔다.
그는 이렇게 말한다.

"신앙은 나의 중심을 지켜주는 뿌리이고,
정치는 모든 국민을 품는 숲이어야 한다."

그 말처럼 그는
신앙은 내면의 힘으로 간직하되,
정치는 공공의 자리로 승화시켜야 한다는 철학을 실천해 왔다.

철학 없는 신앙은 위험하다

김문수는 단순히 '믿는 정치인'이 아니다.
그는 독서가이며 사유하는 사람이다.
성경뿐 아니라
소크라테스, 플라톤, 공자, 루소, 막스, 마틴 루터 킹, 에이브러햄 링컨 등....
수많은 철학자와 지도자들의 사상을 탐독하며
자신만의 신념 체계를 만들어 왔다.
그는 종종 말한다.

"신앙은 사랑을 가르치지만,
철학은 방향을 정리해 준다."

그렇기에 김문수의 정치에는
막연한 이상주의가 아니라
분명한 가치관과 실천 철학이 뿌리내려 있다.

'기도하는 지도자'라는 상징

김문수는 누구보다도 자기 관리에 철저한 사람이다.
그는 정해진 시간에 기도하고, 성경을 읽고, 걷는다.

그의 몸과 마음은 언제나 긴장감 있게 깨어 있다.
그 이유는

"나는 내 힘으로 정치를 하지 않는다.
하나님이 나를 쓰시기를 바란다."라는

겸손한 고백 때문이다.
그의 주변 사람들은 말한다.
"김문수는 기도하는 사람이다.
그래서 흔들리지 않는다."

정리하며

김문수에게 정치란
자기 뜻을 관철하는 일이 아니라,
자기 뜻을 내려놓고 국민과 시대를 위해 쓰임 받는 것이다.
그 신념은 신앙과 철학에서 나왔다.
그는 하나님 앞에서는 무릎 꿇고,
국민 앞에서는 고개 숙인다.
그런 지도자가,
지금의 대한민국에 가장 필요한 사람 아닐까?
그의 리더십은

기도하는 정신과
생각하는 철학이 만난,
지속 가능한 리더십이다.

Part 2.

김문수의
리더십 유형 분석

6. 카리스마형 vs 서번트형 vs 실천형:
김문수는 누구인가?

리더십에는 여러 유형이 있다.
막스 베버가 말한 카리스마형,
로버트 그린리프의 서번트형,
그리고 근대 이후 급부상한 변혁형, 실용형, 감성형 리더십 등.
그렇다면 김문수는 어디에 속할까?
단순히 카리스마로 몰아붙이는 강압형 지도자도 아니고,
온화한 청지기처럼 뒤에 머무는 서번트형만도 아니다.
그는 직접 현장에서 땀 흘리며 행동하는 실천형 리더다.
동시에, 카리스마와 서번트 정신을 모두 내면화한
하이브리드형 지도자이기도 하다.

카리스마형 리더인가?

김문수는 연설을 잘한다.
그의 목소리는 크고 분명하며,
그의 말에는 신념과 진심이 담겨 있다.
그가 유세차나 집회 현장에서 마이크를 잡으면

사람들이 귀를 기울이는 이유는
말을 잘해서가 아니라, 믿을 수 있어서다.
그의 눈빛은 강직하고,
그의 걸음은 힘이 있으며,
그의 행동은 단호하다.
이런 면에서 그는 분명히 카리스마형 요소를 갖고 있다.
그러나 그는 독재형 리더가 아니다.
그의 카리스마는 권위를 휘두르는 것이 아니라,
신뢰로부터 나오는 카리스마다.

서번트형 리더인가?

서번트 리더는 '먼저 섬기고 나중에 이끈다.'는 철학을 가진 지도자다.
김문수는 스스로를 '국민의 종'이라고 표현하곤 한다.
경기도지사 시절,
새벽 산책을 하며 도민들을 만났고,
민원 현장을 직접 방문하여 문제를 해결했다.
그는 책상머리에서 통치하는 것을 거부했다.
민생 속으로, 골목으로, 시장으로 걸어갔다.

"지도자가 되려는 사람은 먼저 국민을 사랑해야 한다.
사랑하지 않으면 절대 섬길 수 없다."

이 말은 그의 서번트 정신을 보여 주는 대표적 언어다.
그는 명령보다 경청을,
통제보다 소통을 선택했다.

실천형 리더가 가장 가깝다

그러나 김문수 리더십의 본질은
이 두 유형을 넘어서는 실천형 리더십에 있다.
말보다는 행동,
계획보다는 현장,
이론보다는 몸으로 뛰는 리더.
그는 노동운동가 시절부터 몸을 던졌고,
감옥을 두려워하지 않았고,
정치인이 된 후에도 직접 걸었다.
경기도지사 시절,
대기업 못지않은 지방 행정을 실현했고,
정책이 아니라 사람 중심의 실천을 강조했다.

"도지사는 도민의 머슴이다."

그는 그 말을 말로만 하지 않고, 실제로 행동했다.

지도자는 혼합형이 되어야 한다

오늘날 복잡한 사회에서
리더십은 단일 유형으로 설명될 수 없다.
지도자는 때로는 카리스마가 있어야 하고,
때로는 청지기처럼 낮아져야 하며,
무엇보다 언제나 행동으로 말해야 한다.
김문수는 이 세 가지를 절묘하게 갖춘
통합형, 복합형 리더십의 모델이다.
카리스마로 대중을 이끌되,
서번트 정신으로 낮아지고,
실천을 통해 신뢰를 얻는다.
그는 말로는 강하고,
삶으로는 따뜻한 지도자다.

김문수형 리더십 = '실천하는 사랑'

한마디로 요약하자면,
김문수 리더십은 '실천하는 사랑'이다.
그는 국민을 사랑하기에 움직였고,
사랑하기에 아픔을 함께 겪었고,
사랑하기에 오늘도 뛰고 있다.

이것이 이념도, 직책도, 과거의 경력도 넘어서
그를 다시 주목하게 만드는 진짜 이유다.

정리하며

김문수는 단지 '말 잘하는 사람'이 아니다.
그는 실천하고, 섬기고, 감동시키는 사람이다.
그의 리더십은 어떤 교과서에도 정확히 들어맞지 않지만,
현장에서 국민이 인정한 살아 있는 리더십이다.
그리고 이 시대, 대한민국에 가장 절실히 필요한
리더의 본보기다.

7. 행동하는 리더십:
말이 아닌 실천으로 이끈 지도자

"말로만 정의를 외치는 시대는 끝났다.
국민은 말이 아닌 행동을 본다."

김문수의 리더십이 유독 강하게 각인되는 이유는,
그가 말보다 행동으로 자신을 증명해 온 사람이기 때문이다.
그는 이념을 설파하기보다는
땀 흘려 봉사하고, 거리에 나가 민심을 듣고,
현장에서 발로 뛰는 것으로
정치인의 신뢰를 다시 세우려 했다.
김문수는 단순한 정치인이 아니라
현장에서 답을 찾는 실천가형 지도자였다.

'정치인은 말로만 한다.'는 불신을 넘어

현대 정치에 관한 국민의 불만은 단순하다.
"말만 많고, 책임은 없다."
김문수는 그 불신의 벽을 '행동'으로 넘으려 했다.
그는 약속한 것은 직접 실행하고,
공약한 것은 끝까지 밀어붙이며,
어려운 현장은 항상 먼저 찾았다.
경기도지사 재임 시절,
주말과 휴일에도 도내 각 시·군을 돌며 민원을 청취했고,
지하철, 시장, 골목길 등
가장 낮은 곳에서 도민의 삶을 살폈다.

"도지사는 도민의 하인이어야 한다"

그의 이 말은 구호가 아니라
행동으로 체화된 신념이었다.

슬리퍼 신고 거리로 나가는 지도자

김문수는 운동화, 때로는 고무장화를 신고
거리로 나간다.
비가 와도, 추워도, 아무도 오지 않아도 그는 간다.
광장에서, 집회 현장에서,
불만을 토로하는 시민 앞에서
그는 마이크를 잡는다기보다
귀를 열고, 눈을 맞춘다.
이런 김문수의 모습은

"지도자란, 제일 먼저 울타리 밖으로 나가는 사람"이라는

리더십 원칙을 그대로 보여 준다.

경기도지사 시절: 실천적 개혁의 리더십

김문수가 경기도지사로 있었던 8년 동안,
그는 거버넌스를 말로 설명하지 않았다.
직접 뛰고, 현장에 가고, 문제를 해결하면서
'행정은 서류가 아니라 사람'임을 보여 줬다.

대표적 실천 사례들:

재정 절감형 행정 개혁: 불필요한 행정 지출 삭감
현장 중심 민원 해결 시스템 구축
청년 창업 지원 및 중소기업 진흥 강화
서민 주거 개선 프로젝트 적극 추진
그가 성과를 자랑하기보다
시민과의 동행을 우선시했다는 점은
그의 실천 리더십이 단순한 퍼포먼스가 아님을 입증한다.

행동은 정치의 설득력을 높인다

정치인은 설득해야 한다.
하지만 설득에는 말보다

'행동'이라는 언어가 더 강하다.
김문수는 유세차 위에서 마이크를 잡을 때보다,
어르신 옆에서 따뜻한 차 한 잔을 함께 마실 때,
훨씬 더 많은 유권자의 마음을 움직였다.
그가 시민에게 다가가는 방식은
정치적 계산이 아니라
인간적인 진심을 기반으로 한 것이었다.

'지도자는 움직이는 사람이어야 한다'

김문수는 지금도 새벽이면 거리를 걷고,
말없이 봉사 현장에 나타난다.

그는 "정치란, 말이 아니라 움직이는 것"이라 믿는다.

그 움직임은 조용하지만
국민의 가슴에 오래 남는 진정성의 울림이 된다.

정리하며

김문수는
말보다 행동이 먼저인 사람,
이론보다 실천이 앞선 사람이다.
그의 리더십은
글로 쓰기보다
현장에서 보는 편이 더 정확하다.
그는 책상 위에 앉아 리더십을 설파하지 않는다.
운동화를 신고 거리를 걷고,
한 사람 한 사람을 만나며
그들을 '국민'이 아닌 '이웃'으로 대한다.
그런 행동이
지금 우리가 잊고 있던
지도자의 원형原型을 다시 떠오르게 한다.

8. 공동체 중심 리더십:

개인이 아닌 나라를 위한 비전

"나는 대통령이 되고 싶어서 정치를 하는 게 아니다.
나라가 바로 서야 하는 까닭에, 그 길에 선 것이다."

김문수는 흔히 개인주의와 정치적 이익이 우선되는 시대에
공동체 중심의 비전과 사명을 가진 보기 드문 지도자다.
그는 정치를 '자기 성공의 수단'이 아니라,
공동체를 살리는 도구로 여긴다.
이기적 리더가 판치는 시대에,
그는 공익적 비전을 위해 자기 자신을 기꺼이 희생하는 사람이다.

개인이 아니라 나라를 위하여

정치권에는 "정치는 권력이고, 권력은 곧 자기 몫"이라는 인식이 만연하다.
그러나 김문수는 처음부터 지금까지

'정치는 사명'이라는 원칙을 고수해 왔다.

그는 언제나 다음과 같이 말했다.

"정치가 나를 위한 수단이 되는 순간,
나는 국민을 배신하는 것이다."

그는 한 번도 자신을 위한 길을 택하지 않았다.
출세보다는 투쟁을,
편안함보다는 험한 길을 선택해 왔다.

공동체란, 고통을 함께 짊어지는 것

김문수에게 공동체란
'같이 웃고 같이 우는 사람들의 집합'이다.
그래서 그는 국민이 아프면 아파하고,
국민이 무너지면 함께 무너진다.
국민의 고통을 '현장'이 아니라 '내 문제'로 받아들이는 리더,
그게 바로 김문수다.
쌍용차 해고 노동자 문제,
용산 참사 유가족과의 만남,
비정규직 청년들과의 식사 자리,
이런 곳에 그는 수시로 나타났고,
누구보다 조용히, 그러나 깊이 아파했다.
그는 말했다.

"지도자가 국민을 대신해 울어 줘야
국민이 다시 웃을 수 있다."

김문수의 비전은 '국가 재건'이다

김문수는 지금도 끊임없이 이야기한다.

"나라가 무너진다."
"국민이 분열되어 있다."
"공동체 정신이 사라지고 있다."

그는 단순한 민생 개선이 아닌
국가의 정체성과 철학을 다시 세우는 일에
자신의 모든 정치생명을 걸었다.
대한민국은 자유민주주의 국가인가?
우리는 시장 경제를 지켜 낼 수 있는가?
국민은 하나의 운명 공동체인가?
그가 끊임없이 던지는 질문들은
지도자의 자리보다, 나라의 미래를 더 걱정하는 사람의 질문이다.

분열보다 통합, 갈등보다 화해

김문수는 공동체의 핵심 가치로 '통합'을 꼽는다.
그는 진보와 보수를 나누기보다,
'같은 배를 탄 사람들'로 바라보는 시각을 가지고 있다.

그는 정치적으로 반대편에 있었던 이들과도
언제나 대화의 문을 열어 두었고,
정쟁보다는 해결 중심의 접근을 택했다.

"내가 옳고 네가 틀린 것이 아니라,
서로 다를 뿐이다. 그러나 우리는 같은 나라의 국민이다."

이 말은 그가 공동체를 어떻게 이해하는지를 잘 보여 준다.

위기의 시대일수록 공동체 중심의 리더가 필요하다

지금 대한민국은
양극화, 정치 불신, 세대 갈등, 지역 분열 등
다양한 위기를 동시에 겪고 있다.
이럴 때일수록
자기 정파보다 국민 전체를 보는 지도자,
자기 이익보다 공동체를 먼저 생각하는 리더가 필요하다.
김문수는 그 기준에 부합하는 인물이다.
그는 '나'보다 '우리'를 말하고,
'정권'보다 '국민'을 우선한다.

정리하며

김문수의 리더십은
공동체적 가치 위에 세워진 '헌신의 정치'다.
그는 자기를 위해 정치를 하지 않는다.
나라를 위해, 국민을 위해,
그리고 다음 세대를 위해 걷는다.
그는 개인의 성공을 넘어
공동체 전체의 회복과 통합을 꿈꾸는
국가 비전형 리더다.
그런 리더가 지금 대한민국에
정말 절실하지 않은가?

---

9. 갈등을 껴안는 리더십:
투쟁과 통합 사이에서 균형 잡기

리더는 갈등의 중심에 서게 마련이다.
그러나 위대한 리더는 갈등을 회피하지 않고,
오히려 그 갈등을 껴안고 통합의 계기로 바꾸는 사람이다.

김문수는 평생을 투쟁과 갈등의 한복판에서 살아왔다.
민주화 운동, 노동 운동, 당내 개혁, 보수의 쇄신,
그리고 지금의 대통령 후보까지~
그의 인생은 끝없는 갈등의 연속이었고,
그 안에서 균형을 잡아 온 여정이었다.

투쟁의 언어에 길들지 않은 사람

김문수는 노동운동가 출신이다.
민주화 운동의 최전선에서
권력에 맞서 싸우며 감옥에도 여러 차례 갔다.
그랬던 그가 정작 정치인이 된 후에는
격한 투쟁의 언어를 거의 쓰지 않는다.
그는 싸움을 하되,
상대를 미워하지 않고,
싸우면서도 상대의 견해를 듣는
독특한 균형 감각을 지녔다.

"정치는 이기는 게임이 아니다.
함께 가는 길을 찾는 과정이다."

그의 말은 갈등의 본질을 꿰뚫는다.

진영 논리를 넘어선 용기

김문수는 진보 진영에 있었다가
보수 정당에서 정치 경력을 쌓았다.
많은 사람이 그를 '변절자'라 비난했지만,
그는 양 진영 모두에 정직한 사람이었다.
진보 진영 안에서는 이념만 강조하는 경직성을 비판했고,
보수 진영 안에서는 기득권만 지키는 무능함을 질타했다.
그는 자기 진영의 잘못도 과감히 지적하는 리더였다.
그런 점에서 김문수는 '진영에 속하지 않은 사람'이며,
'국민의 편에 선 사람'이었다.

갈등을 외면하지 않고, 정면으로 마주한 용기

경기도지사 시절, 수많은 갈등 현장이 있었다.
공공개발과 원주민 보상 문제,
대중교통 개편을 둘러싼 노조 반발,
무상급식 논쟁 등등
그러나 그는 회피하지 않았다.
직접 현장에 가서 듣고, 조율하고,
필요하면 양측 모두에게 비판을 받는 선택도 감수했다.
"갈등은 누군가가 대신 짊어져야 끝난다.

지도자의 몫은 그 짐을 감당하는 것이다."
이 말은 그가 얼마나 깊이 고민하고
고통을 감수해 왔는지를 보여 준다.

통합은 말이 아니라 상처를 끌어안는 태도다

김문수는 '통합'이라는 단어를 쉽게 쓰지 않는다.
그에게 통합은 정치적 구호가 아니라
실제로 상처 입은 사람을 품는 일이다.
그는 이념이 다른 사람과도 식사를 함께하고,
서로 다른 길을 걸어온 이들과도 대화를 지속한다.
가장 기억에 남는 일화 중 하나는,
자신을 비판하던 시민을 찾아가
차 한잔 마시며 이야기를 나눈 후
그 시민이 눈물을 흘리며
"미안하다, 오해를 했다"라고 말한 장면이다.
그는 말했다.

"사람은 설득하려고만 하면 멀어진다.
이해하려고 노력하면 가까워진다."

강함과 부드러움의 균형

김문수의 리더십은
단호함과 포용력의 절묘한 조화다.
원칙 앞에서는 물러서지 않되,
사람 앞에서는 무너지기도 한다.
소신은 굽히지 않되,
관계는 끊지 않는다.
그런 그의 태도는
무수한 갈등 속에서도
공동체를 지키는 힘 있는 리더십을 만들어 냈다.

정리하며

김문수는 갈등을 피하지 않는 리더다.
그는 갈등을 외면하지 않고 껴안는다.
그리고 그 안에서 통합의 길을 만든다.
그의 리더십은 싸우는 데 목적이 있는 것이 아니라,
함께 가기 위한 싸움,
갈라짐을 막기 위한 투쟁이다.
그런 김문수의 태도는
지금처럼 양극화된 한국 사회에

더없이 필요한 치유형 리더십의 전형이다.

10. 실패를 자산으로 바꾸는 회복형 리더십

●

누구나 실패한다.
그러나 실패 이후 어떤 태도를 취하는가로 사람을 구분 짓는다.
대부분은 주저앉거나 변명하거나 남을 탓한다.
그러나 김문수는 달랐다.
그는 실패 속에서 일어났고,
그 실패를 더 단단한 리더십의 자산으로 바꿔 냈다.

'패배의 기록'이 아니라 '배움의 기록'

김문수는 대선에 도전했지만,
이번에 대권을 잡지 못했다.
그는 국민의힘 내 경선에서 밀리기도 하고,
정치적 비주류로 분류되며 당의 중심에서 비켜 나기도 했다.

한때는 정치적 외톨이로 여겨지기도 했다.
그러나 그는 결코 좌절하지 않았다.
패배는 그에게 침묵의 시간이 아니라
성찰과 성장의 시간이었다.

"실패는 나를 다시 돌아보게 만든다.
그리고 그때마다 나는 더 깊어지고 단단해진다."

그는 '패배한 정치인'이 아니라, '끝까지 걷는 사람'

김문수는 한 번 실패했다고, 정치를 떠나지 않았다.
오히려 그는 더 깊이 민심 속으로 들어갔다.
길거리 유세, 유튜브 방송, 시민과의 만남,
그 어디든 그는 나타났다.
그는 말한다.

"정치인이란,
선거에 이겼을 때가 아니라
떨어졌을 때 태도가 드러난다."

그 말처럼, 그는 결과에 연연하지 않고
자기 걸음을 멈추지 않았다.

국민과의 연결 고리를
어떤 상황에서도 놓지 않았다.

실패는 부끄러움이 아니라 축적이다

김문수는 자신이 겪은 정치적 좌절을
담담히 말한다.
그리고 그 실패들 속에서
무엇을 배웠는지를 명확히 정리한다.
어떤 말은 국민의 마음을 울리지 못했다.
어떤 정책은 현실과 괴리가 있었다.
어떤 선택은 타이밍이 어긋났다.
그는 이 모든 것을 인정하고,
그 안에서 더 정제된 리더십을 만든다.
실패는 그의 리더십을 겸손하게 하고, 진실하게 만들었다.

회복은 자기 자신과의 대면에서 시작된다

김문수는 낙선 후에도
다시 자신의 삶을 돌아보고
더 깊은 영성과 철학을 추구했다.

그는 실패를 단순히 '과거의 상처'로 남겨두지 않았다.
그 실패는 그에게
더 큰 이해심과 성숙함을 선물했다.
그는 국민 앞에서 울기도 하고,
자신의 부족함을 고백하기도 했다.
그러나 그는 결코 자신을 포장하지 않았고,
그런 모습은 오히려 국민에게 더 큰 신뢰를 주었다.

김문수의 회복형 리더십이 주는 교훈

김문수는 실패를 부끄러워하지 않는다.
오히려 그 실패가
자신을 국민과 더 가까워지게 해 주었다고 말한다.
왜냐하면, 국민 역시 실패를 경험하며 살아가기 때문이다.
그래서 그는 실패한 사람에게 따뜻하다.
넘어져 본 사람에게 연대한다.
상처 입은 사람을 위한 언어를 쓴다.
그의 회복형 리더십은
실패한 자의 눈물 속에서 피어난 공감의 리더십이다.

정리하며

김문수는 실패한 적이 있다.
그러나 그는 실패 속에 머물지 않았다.
그는 실패를 통해
더 인간적이고, 더 공감하는, 더 진실한 리더로 거듭났다.
김문수의 리더십은
성공의 정점이 아니라,
실패 이후의 태도에서 빛났다.
그래서 그의 리더십은 지금도 유효하고,
오히려 더 강력하며,
이 시대에 꼭 필요한 이유가 되는 것이다.

Part 3.

시대가 요청한
김문수의 정치

11. 국회의원 시절:
개혁적 보수의 모범

김문수가 본격적으로 중앙 정치에 진입한 것은 2002년.
3선 국회의원으로 활약하며, 그는 단순한 당내 의원이 아니라
'말하는 보수', '행동하는 개혁가'로 불렸다.
그의 국회 활동은 타협하지 않은 소신과,
늘 민심에 귀 기울이는 실천으로 채워져 있었다.
보수 진영에 속했지만
그는 기득권 보호보다 개혁과 도전을 추구했다.
그가 보여 준 '보수의 품격'과 '국민 중심 정치'는
오늘날 보수 정치인들이 본받아야 할 중요한 이정표다.

보수 정당 내의 개혁파

김문수는 당시 한나라당(현, 국민의힘) 소속이었지만,
정당의 기득권 구조나 타성에 결코 안주하지 않았다.
그는 당내 강성 보수에 관해서도
직언을 서슴지 않았다.

"보수가 보수다워지려면,
기득권을 지키는 것이 아니라,
국민의 신뢰를 먼저 회복해야 한다."

그의 이런 발언은
많은 정치인으로부터 '불편한 진실'로 받아들여졌지만,
국민에게는 믿음직한 정치인의 모습으로 다가왔다.

국회의원은 '국민의 중간 관리자'

김문수는 의원 시절 내내
국회의원을 '정치의 주인'이 아니라
국민과 행정부 사이의 다리로 인식했다.
그는 민생 현안을 직접 조사하고,
지역구의 문제를 발로 뛰며 해결하려 했으며,
정부의 예산과 행정에 날카로운 감시자의 역할을 자처했다.

특히 그는 "국회의원은 국민의 중간 관리자다"라고 말하며,

과도한 권력화나 특권화를 경계했다.

입법보다는 '국민 접촉'을 중시한 의원

그는 법안을 많이 발의하는 데 집중하지 않았다.
오히려 국민과의 대화, 현장 민원 해결,
사회적 약자의 목소리 대변에 더 큰 비중을 뒀다.

대표적인 사례:

산업 재해 피해자 보호 관련 실태 조사
지방 균형 발전 촉구를 위한 초당적 의원 모임 주도
비정규직 노동자 권리 강화 간담회 개최
그는 늘 '법보다 사람'을 강조했고,
정책보다 먼저 삶의 현장에 뛰어들었다.

김문수의 보수는 '인간적인 보수'

그의 보수는
극우나 반대만을 위한 정치가 아니라,
자유와 책임, 시장과 공동체, 국가와 개인의 균형을 추구하는 실용적 보수였다.
경제적 자유를 보장하되, 약자에 관한 배려를 놓치지 않고 국가 안보를 중시하되, 평화와 대화의 문은 닫지 않았다.
전통을 존중하되, 변화의 필요성도 꿰뚫어 보았다.
그의 리더십은 이념이 아니라,
현실과 사람에 관한 깊은 통찰에서 비롯된 것이었다.

'김문수다운 정치'는 소통과 배려의 정치

그는 청문회에서의 발언, 언론 인터뷰, 지역구 활동 모두에서 단호함과 동시에 부드러운 말투, 상대를 배려하는 태도,
듣는 자세를 유지했다.
소리를 높이지 않아도 설득력 있었고,
적을 만들지 않으면서도 할 말은 다 했다.
그는 국민과 동료 정치인들에게
'미워할 수 없는 정치인', '믿을 수 있는 사람'으로 기억됐다.

정리하며

김문수의 국회의원 시절은
'정치인이 이렇게 일할 수 있구나'라는
귀감이 되는 시간이었고,
보수 정치의 새로운 얼굴을 보여 준 시기였다.

그는 개혁을 말하면서도 흔들리지 않았고,
보수를 외치면서도 배려를 잊지 않았다.
'김문수다운 정치'는 타협이 아닌 균형,
공세가 아닌 설득,
권위가 아닌 신뢰로 가능했다.
그의 국회 시절 리더십은
오늘날 정치를 회복시키는 데 있어
중요한 기준점이 되고 있다.

12. 경기도지사 성과와 한계

•

"지방정부는 국가 운영의 축소판이다.
경기도지사는 대통령 다음으로 책임이 무거운 자리다."

김문수는 2006년, 그리고 2010년 재선에 성공하며
8년간 대한민국 최대 광역지자체인 경기도를 이끌었다.
그의 경기도지사 시절은
소신과 혁신, 그리고 갈등과 성장의 연속이었다.

여느 정치인처럼 화려한 포장보다는,
현장에서 진짜 일한 사람으로 기억된다.
이 장에서는 그 8년간의 핵심 성과와 한계를 균형 있게 돌아본다.

혁신형 행정의 실험실: 경기도

경기도는 서울과 인접하면서도
도농복합형 지역, 수도권 팽창, 인구 격차,
산업 불균형 등 수많은 과제를 안고 있었다.
김문수는 도정의 키워드를

'현장 중심, 재정 절감, 미래 대비'로 정했다.

대표 정책들:

경기도청의 '예산낭비 신고센터' 운영,
청년창업 지원 및 벤처 기업 유치 강화,
교통 소외지역의 광역버스·환승체계 개편,
경기도형 복지모델(무상교복·취약계층 집중지원 등) 도입

그는 "경기도는 실험장이 되어야 한다"라고 말했고,

중앙정부보다 앞선 정책 실험에 주저하지 않았다.

'일자리 창출'은 최고의 복지다

김문수 도정의 핵심 슬로건 중 하나는

'일자리가 최고의 복지'였다.

그는 단순한 현금 지원보다
지속 가능한 자립 기반을 만드는 데 집중했다.
중소기업과 청년을 연결하는 '잡페어(Job Fair)' 정례화,
창업지원금과 사무공간을 결합한 스타트업 센터 확대,
북부권·서부권의 산업단지 재편과 인프라 투자 강화,
이러한 정책들은 단기 성과보다는
장기적인 지역 경제 기반 강화에 기여했다는 평가를 받는다.

'도지사, 직접 현장에 가다'

김문수의 가장 큰 장점은
행정가이면서도 정치인이 아닌 '현장형 리더'였다는 점이다.
민원 현장에 직접 가서 문제를 해결하고,

정책 시행 전 시민들과 소통하며 여론을 수렴하고,
거대 도정 기구 속에서도 '사람의 얼굴'을 잃지 않았다.
그는 책상 위가 아닌 거리에서 도정을 운영했다.
공무원들에게도 '보고서는 짧게, 현장엔 자주'를 강조했다.

한계와 비판: '전략가'로서의 부족함

그러나 그의 도정은 완벽하지 않았다.
일부에서는 그를
'좋은 사람, 성실한 사람'으로 평가하면서도,
정무적 전략과 통치의 정제된 설계가 아쉬웠다고 지적했다.
대규모 개발 사업에서 중앙정부와의 협의 부족
급격한 복지 확대의 재정 지속성 논란
행정의 비전 제시보다 '소통과 현장'에 과도하게 치중했다는 분석
그는 탁월한 '현장 정치인'이었지만,
큰 그림을 보여 주는 '국정 설계자'로서는 숙제가 남았다.

도지사 시절, 도민이 본 김문수

많은 도민은
"도지사가 내 옆에 있다"라는 느낌을 가졌다고 회고한다.

그만큼 그는 소통했고, 움직였고, 도민과 눈을 맞췄다.
관공서 민원실을 갑작스럽게 방문해 직원과 시민을 만났고,
공무원들에게는 '권위 대신 겸손'을 주문했으며,
정치적 유불리보다 '도민에게 필요한 것'을 먼저 고민했다.
이런 모습은 정치보다 '행정의 본질'을 아는 리더의 태도였다.

정리하며

김문수의 경기도지사 시절은
실험과 도전, 그리고 따뜻한 현장의 리더십으로 점철된 시간이었다.
그는 도정을 통해
정치는 행정의 효율이 아니라,
시민의 신뢰에서 출발해야 한다는 진리를 몸으로 보여 줬다.
성과도 있었고, 한계도 있었지만,
그 누구도 그가 게을렀다거나, 도민을 외면했다거나,
정치를 위해 도정을 이용했다고는 말하지 않는다.
그것이 바로 김문수 리더십의 정직한 흔적이며,
그를 다시 '국정의 리더'로 주목하게 만드는 이유다.

13. "나는 대통령이 되고 싶은 게 아니라, 나라를 살리고 싶다"

•

김문수가 대선 후보로 나섰을 때,
많은 사람이 놀랐고, 적지 않은 이들이 물었다.
"지금 시대에 왜 김문수인가?"
그러나 정작 그에게 던져진 질문보다
더 중요한 건 그의 대답이었다.

"나는 대통령이 되고 싶은 게 아니다.
나는 나라를 살리고 싶다."

이 말은 단순한 수사가 아니다.
김문수의 정치 인생 전체가 증명하는 진심의 발화였다.
그는 권력이 아니라 소명을 좇는 사람이다.

'정권욕'이 없는 희귀한 정치인

정치를 하면서도 권력욕이 없는 사람은 드물다.

그러나 김문수는 달랐다.
그는 대통령 후보로 나서기 전까지
수많은 기회가 있었음에도 스스로 물러서거나,
후보직을 사양한 적이 많았다.
그는 늘 말했다.

"지금 내가 나서야 나라가 산다 싶으면 나서는 거고,
나보다 더 나은 사람이 있으면 그를 돕는 게 내 정치다."

이 철학은 그를 정파와 권력의 계산을 넘는 정치인으로 자리매김하게 했다.

대통령이 되는 것보다, 대통령다운 사람이 되는 것

김문수는 '대통령직'을 목표로 삼지 않는다.
오히려 그는 국민 앞에 대통령다운 삶을 사는 사람이 되고자 한다.
그는 이런 말을 자주 했다.

"내가 대통령이 되면 나라가 바뀌겠지만,
내가 대통령이 되지 않아도,
국민의 마음에 진실이 남는다면 그것이 더 중요하다."

이 말은 오늘날의 정치 효율주의와 대중 인기주의를 뛰어넘는
정신적 리더십을 보여 준다.

절박함에서 비롯된 도전

김문수가 대선 출마를 결심했을 때,
그 배경에는 단순한 정치 상황보다
대한민국의 위기의식이 자리 잡고 있었다.
무너지는 자유민주주의 가치
좌우 진영으로 찢어진 국민 정서
청년 세대의 좌절과 노년 세대의 불안
국가적 비전의 실종
그는 이런 현실을 보며

"누군가는 이 싸움을 해야 한다.
말이 아니라 행동으로, 진영이 아니라 국민 전체를 위해"

라는 판단을 내렸다.

낙선 이후에도 멈추지 않은 발걸음

그의 대선 도전은 결국 승리로 이어지지 못했다.
그러나 김문수는 패배자도, 낙오자도 아니었다.
그는 선거가 끝난 다음 날에도
거리를 걷고, 시민을 만나고, 대화를 하며
국민과의 연결을 이어갔다.
그는 말했다.

"나는 정치인이 아니라,
국민의 친구이고, 대한민국의 목소리다."

이러한 태도는 선거를 넘어선
국민 리더십의 진정한 전형을 보여 준다.

누가 진짜 대통령인가?

김문수는 당선된 적은 없지만,
수많은 국민의 가슴 속에
'대통령 같았던 사람'으로 기억된다.
그는 욕하지 않고,
자랑하지 않으며,

분열시키지 않고,
늘 하나 되게 하고, 희망을 말하며, 무릎 꿇고 기도하는 지도자였다.
그런 사람에게 국민은
표보다 더 큰 신뢰를 보냈다.

정리하며

김문수는 대통령이 되고 싶어서 정치를 한 사람이 아니다.
그는 나라가 무너지는 걸 두고 볼 수 없어서,
국민이 분열되는 걸 외면할 수 없어서 나선 사람이다.
그가 보여 준 대선 도전은
패배로 끝난 이벤트가 아니라,
정치가 국민의 마음을 회복시키는 도구가 될 수 있음을 증명한 사건이었다.
그리고 그 정신은
지금도, 앞으로도
많은 국민의 마음속에 살아 숨 쉴 것이다.

14. 김문수와 대한민국 우파의 역사

김문수는 독특한 위치에 있는 정치인이다.
진보 진영에서 시작해 보수정당의 핵심 주자로 성장했으며,
운동권 출신임에도 자유민주주의와 시장 경제를 가장 강하게 옹호해 온 인물이다.
이러한 이력은 그를 단순한 정치인을 넘어
우파의 철학과 정통성을 다시 정의하려는 사상적 지도자로 부각시킨다.
그는 단순히 보수정당의 당원이나 후보를 넘어서
대한민국 우파의 방향성과 본질을 되짚는 '이론가이자 행동가'였다.

'좌파에서 우파로'가 아니라, '진실을 좇은 궤도 수정'

많은 사람이 김문수의 변화를
'이념적 변절'로 단순화하려 한다.
그러나 그는 말한다.

"나는 좌파에서 우파로 옮긴 게 아니라,

진실을 좇다 보니 자유민주주의에 도달한 것이다."

그는 자유와 시장, 책임과 경쟁이
더 많은 사람을 살리고 더 정의로운 사회를 만든다는 걸
노동운동의 현장에서 체득했다.
그의 우파 철학은
현장 속 땀과 고통에서 나온 현실적 결론이었다.

'김문수식 우파'는 인간적이다

김문수의 보수는
재벌 보호, 이념 지키기, 반공 논리에 머무르지 않는다.
그는 복지를 말하고, 약자를 품고, 국민을 위로하는 우파였다.
무상급식 논쟁 속에서도 서민 지원의 필요성을 인정했고
비정규직 문제에선 정부가 나서야 한다고 했으며
자녀 교육, 주거, 노후에 관한 '국민의 걱정'을
자유주의적 관점에서 풀어내려 했다
그는 보수도 사람의 마음을 움직일 수 있어야 한다고 주장했다.

우파의 약점, 내부에서 비판한 사람

김문수는 우파 정치권 내부의 비판도 아끼지 않았다.
정체된 보수
기득권화된 정당 구조
청년과의 단절
강성 이념만 외치는 구세대식 정치
그는 이런 문제들을
자기 정파 내부에서 가장 먼저 지적한 사람 중 하나였다.
그래서 때로는 고립됐고,
'이단아' 취급을 받기도 했다.
그러나 그는 말했다.

"우파가 자신을 혁신하지 않으면
국민에게서 영원히 외면당할 것이다."

이 용기와 직언은
그를 우파 내부의 '깨어 있는 양심'으로 만들었다.

우파, 이제는 '사상'보다 '삶'을 말해야 한다

김문수는 말한다.

"우파는 이념이 아니라 삶의 방식이 되어야 한다."

그는 우파의 철학을
현장에 적용하고,
국민의 언어로 풀어내며,
행동으로 실천하려 했다.
교조적 이념 대신
공정한 경쟁과 기회의 확대를 말하고,
반공의 반복보다
북한 주민의 자유와 해방을 말하고,
시장 만능이 아닌
시장 속 약자 보호를 함께 고민해야 한다고 주장했다.
이런 실용주의적 우파,
국민 중심 우파가 바로 김문수 리더십의 핵심이다.

정리하며

김문수는 대한민국 우파의 역사 속에서
변절이 아니라 진화를 보여 준 인물이다.
그는 이념의 틀을 깨고,
시대와 국민을 기준으로
보수를 다시 쓰려고 했다.

그의 존재는
우파가 국민 속에서 다시 살아날 수 있다는 가능성을 증명하며,
자유와 책임, 품격과 통합을 아우르는
21세기형 보수 리더십의 전형을 보여 준다.
지금의 우파가 김문수를 다시 보아야 하는 이유는,
그의 철학 속에
진정한 보수의 미래가 담겨 있기 때문이다.

15. '시스템'이 아닌 '사람'에 주목한 정당 정치

•

정당 정치는 조직과 시스템의 정치다.
공천, 계파, 정강, 의회 운영, 대선 전략까지
모든 것이 복잡하게 맞물려 움직인다.
그러나 김문수는 이 정당 정치의 틀 안에서도
'사람'에 주목하는 정치,
'시스템보다 인간을 앞세우는 정치'를 실천해 왔다.
그에게 정당은 권력의 도구가 아니라
국민을 섬기기 위한 인격 공동체였고,

정당 정치인은 정책 이전에
신뢰받는 시민이어야 한다고 믿었다.

시스템보다 진정성을 먼저 본 사람

김문수는 늘 '공정한 시스템'의 필요성을 인정했다.
그러나 그는 더 본질적인 질문을 던졌다.

"아무리 공정한 룰이 있어도
그 룰을 움직이는 사람이 부패하면 무슨 의미가 있나?"

그는 정당이 살아나려면
사람이 먼저 바뀌어야 한다고 보았다.
당의 정강 정책도 중요하지만,
그것을 말하는 정치인의 언행이
신뢰를 얻지 못하면 아무 의미가 없다고 생각했다.

공천이 아니라 인물, 직책이 아니라 인격

김문수는 '공천권'이 중요한 정치적 무기처럼 여겨지는 현실에서 항상 경계했다.

"정당의 가장 큰 병폐는
사람이 아니라 포지션을 기준으로 판단하는 것"이라며,
"정치가 직책 중심에서 인격 중심으로 회복되어야 한다"라고
말했다.

그는 국회의원, 도지사, 장관, 대통령 후보를 지냈지만
스스로 앞세우지 않았다.

언제나 "나는 시민의 친구다", "국민의 동역자다"라고 소개했다.

계파 정치에서 벗어나려 했던 고독한 길

정당 내부에는 늘 계파와 파벌이 존재한다.
김문수 역시 당내에서 불편한 존재로 여겨진 적이 많았다.
그는 누구의 진영에도 속하지 않았고,
어떤 특정 정치인의 정치적 보호막도 받지 않았다.
그는 자기 사람을 챙기기보다
정당 전체가 국민을 위해 일하게 만드는 것을 우선했다.
그래서 때로는 정치적으로 외로웠고,
당내에서 철저히 고립된 시기도 있었다.
그러나 그는 이렇게 말했다.

"나는 당의 핵심이 되는 것보다
국민의 주변에 있는 게 낫다."

당 밖으로 나가 국민 속으로 들어가다

정당 정치에 회의감이 깊어졌을 때,
김문수는 당 안에서 권력을 잡으려 하기보다
국민 속에서 다시 정치를 시작했다.
유튜브 방송
길거리 강연
노동 현장 방문
청년, 소상공인과의 만남
이런 활동은
그가 정당이라는 울타리보다
국민과의 직접 접촉을 더 중요하게 여긴다는 걸 보여 준다.
그는 정당이 국민을 대변하려면
정당도 먼저 국민의 삶 안으로 들어가야 한다고 믿었다.

정당을 인간화하라

김문수는 정당 정치의 미래에 관해 다음과 같이 말한다.

"정당이 기술이 되고, 전략이 되고, 조직이 되면
국민은 더 이상 정당을 믿지 않는다.
정당이 다시 인간의 언어를 말해야 한다."

그는 정당이
시스템과 계산 위에 세워진 것이 아니라
국민의 신뢰와 눈물 위에 세워져야 한다고 강조했다.
정당은 국가를 이끄는 엔진이지만,
그 안에 '사람'이 없으면 껍데기에 불과하다.

정리하며

김문수는 정당을 떠나지 않았다.
그러나 그는 정당보다 국민을 먼저 보았고,
시스템보다 사람을 더 신뢰했으며,
공천보다 신념, 계파보다 공감을 중시했다.
그의 정당 정치는
정치 기술이 아닌 정치 양심의 정치,
포지션이 아닌 사람 중심의 정치였다.
이제 대한민국의 정당 정치가 회복되기 위해선
김문수와 같은

'인간의 정치'를 실천하는 지도자가 더 많이 필요하다.

Part 4.

김문수 리더십,
왜 다시 주목받는가?

16. 윤석열 시대 이후, 대안은 있는가?

대한민국은 지금 거대한 전환점에 서 있다.
윤석열 탄핵에 이어 이재명 정부가 들어선 이후,
정치·경제·사회 전반에 걸쳐
갈등과 혼란, 기대와 실망이 교차하는 시기를 지나고 있다.
권력의 도덕성, 정당성이 도전받고,
민심은 더 빠르게 분열되고 있으며,
리더의 신뢰는 위태로운 경계선을 걷고 있다.
이 와중에 국민은 이렇게 묻는다.
"윤석열 이후, 누가 이 나라를 이끌 수 있는가?"
"우리는 또다시 진영 대결에 갇힐 것인가?"
"정말 믿을 수 있는 사람은 누구인가?"
그 질문 속에,
김문수라는 이름이 조용히, 그러나 단단히 다시 부상하고 있다.

윤석열 정부의 한계와 피로

윤석열 대통령은 검찰총장에서 대통령으로 직행한 인물이다.

그만큼 '정의'와 '공정', '법치'를 내세우며 출발했지만,
정치 경험의 부족, 협치의 결핍,
강성 지지층에 의존한 국정 운영으로
국민 통합과 민생 안정에서 적지 않은 실망을 남겼다.
국민의 피로감은 커졌고,
정치 혐오는 심화되었으며,
대선의 기대는 낮아졌고, 민주당으로 넘어갔다.
이 시점에서 국민은 새로운 질문을 던지기 시작했다.
"이번에도 진영의 싸움일 뿐이라면, 투표는 무슨 의미인가?"

김문수는 윤석열의 연장선이 아니다

김문수가 보수 진영 인사라고 해서
윤석열 대통령의 후속 주자라고 단정 짓는 것은 오해다.
김문수는 윤석열과 다른 지점에 서 있다.
윤석열은 정치를 잘 모르는 검사였던 사람이고,
김문수는 민심을 체득한 실천의 사람이다.
윤석열은 검찰권으로 싸우는 통치였고,
김문수는 길 위에서 눈을 맞추는 정치였다.
그는 말한다.

"정치는 사람의 마음을 얻는 일이다.

국민이 두려운 지도자여야 한다."

김문수는 윤석열의 후계자가 아니라,
전혀 다른 방향의 대안 지도자다.

지금 필요한 건 '강한 리더'가 아니라 '깊은 리더'다

윤석열 정부는 '강한 리더십'을 표방했지만,
그 강함이 국민을 설득하지 못하면
오히려 불통과 고립의 상징이 된다.
지금 시대가 요청하는 지도자는
법보다 '공감'을 먼저 말하고,
통제보다 '경청'을 실천하며,
진영보다 '국민'을 먼저 보는 사람이다.
김문수는 이런 리더십의 전형을 갖추고 있다.
그는 한 번도 국민을 몰아세운 적이 없고,
항상 조용한 힘으로 다가갔다.

김문수는 시스템을 바꾸는 사람이 아니라, 신뢰를 회복하는 사람

정권은 시스템을 재편하려 하지만,

정치는 신뢰 없이는 아무것도 되지 않는다.
김문수는 정치 시스템을 디자인하려 하지 않는다.
대신 그는
국민의 신뢰를 다시 얻는 것에서 정치를 출발한다.
사명감으로 출마하고
감동으로 설득하며
실천으로 믿음을 쌓는 정치
이런 정치인이야말로
윤석열 이후의 대안이 될 수 있다.

'대안 없다'는 절망 속에 빛나는 한 이름

지금 한국 사회에는
"도대체 믿을 사람이 없다"라는 말이 만연하다.
정치인의 말이 공허하게 들리고,
대통령이 되어도 달라지는 게 없다는 체념이 번진다.
그러나 바로 이 지점에서
김문수의 존재감이 다시 커지고 있다.
그는 절망 속에서 희망을 말할 수 있는 유일한 사람,
국민에게 실망을 안기지 않은 몇 안 되는 정치인,
패배해도 당당하고,
권력 없이도 국민 곁에 있는 사람이다.

정리하며

윤석열 이후의 대한민국,
정치는 다시 분열의 길로 갈 것인가,
아니면 회복과 통합의 리더를 찾아 나설 것인가?
김문수는 그 물음에
조용하지만 단호하게 답하고 있다.

"나는 싸우려는 게 아니다.
나라를 살리고 싶을 뿐이다."

그의 이 말이야말로
윤석열 시대 중도 하차 이후, 들어선 이재명 시대에
국민이 진정으로 원하고 기다리는 리더의 언어다.

---

17. 탄핵과 분열의 시대, 통합의 아이콘 김문수

•

2017년 박근혜 전 대통령의 탄핵은

대한민국 정치사에 깊은 상처를 남겼다.
보수 진영은 둘로 갈라졌고,
정치권 전체가 진영 논리의 늪에 빠져
서로를 향한 분노와 혐오만 남게 되었다.
그 혼란의 시기에도
한 사람, 김문수는 조용히 외로이 외쳤다.

"우리가 지금 싸워야 할 대상은 서로가 아니다.
무너진 국민의 신뢰와 분열된 공동체를 회복해야 한다."

김문수는 분열의 시대를 넘어
통합의 리더십을 실천해 온, 몇 안 되는 정치인이었다.

'탄핵' 이후의 정치, 모두가 상처 입었다

박근혜 전 대통령의 탄핵은
정당성 여부를 떠나 대한민국을 두 동강 냈다.
보수는 무너졌고,
진보는 오만해졌으며,
국민은 둘로 나뉘어 서로를 향해 돌을 던졌다.
김문수는 그 상황을 이렇게 진단했다.

"정치가 국민을 갈라놓을 권리는 없다."

그는 탄핵의 결과보다
그 이후 국민이 겪게 될 분열과 증오의 정서를 더 깊이 우려했다.
그의 시선은 권력 향방이 아니라 공동체의 회복에 있었다.

그는 누구도 탓하지 않았다

당시 많은 정치인은
탄핵 찬반을 기준으로 상대 진영을 비난하며
정치적 입지를 다졌다.
그러나 김문수는 달랐다.
그는 박근혜를 욕하지 않았고,
문재인을 비난하지 않았으며,
그는 다만 국민 모두의 고통을 껴안고자 했다.
그의 유일한 질문은 이것이었다.

"지금 우리가 해야 할 일은,
어떻게 이 국민을 다시 하나로 만들 수 있을까?"

보수의 통합을 넘어, 국민 통합의 지도자

김문수는 단지 보수 진영의 단합을 외치지 않았다.
그는 철저하게 국민 전체를 아우르는 통합의 리더십을 추구했다.
보수와 진보의 대화
청년과 장년, 세대 간의 이해
수도권과 지방의 격차 해소
계층, 종교, 지역, 이념을 넘어선 '국민 공동체 회복'
그는 말로 통합을 외치지 않았다.
먼저 다가가고, 먼저 사과하고, 먼저 손을 내밀었다.

갈라진 국민을 위로하는 사람

그는 거리로 나가
태극기를 든 노인들에게는 위로의 말을 건넸고,
촛불을 든 청년들에게는 이해의 태도로 다가갔다.
그에게 중요한 건
누가 옳고 그르냐가 아니라,
모두가 함께 살아야 하는 공동체라는 사실이었다.

"우리의 미래는,
서로를 용서하지 않으면 오지 않는다."

이 말은 진영의 벽을 허무는
진정한 통합의 언어였다.

통합은 정치적 전략이 아닌 영혼의 자세다

김문수의 통합은
선거를 위한 포장도, 이미지 정치도 아니다.
그는 평생 '누구의 편'이기보다
'국민의 편'에 서려 했다.
그는 말한다.

"나는 누구를 미워하지 않는다.
단지 나라를 사랑할 뿐이다."

그 사랑이
분열된 시대를 감싸는 가장 강한 힘이 되었다.

정리하며

김문수는 탄핵 이후의 분열된 한국 사회에서
유일하게 모든 편을 끌어안을 수 있는 지도자였다.

그는 싸우기보다 위로했고,
나누기보다 연결했으며,
정치보다 공동체를 먼저 생각했다.
그의 통합 리더십은
지금 대한민국이 가장 간절히 원하는 리더십이다.
국민이 서로를 다시 믿고,
정치가 국민을 하나로 모으는 그날까지―
김문수는 묵묵히, 그러나 단단하게 그 길을 걷고 있다.

18. 대화와 거리에서 찾는 민심의 진실

•

정치인이 민심을 읽는 방식은 시대에 따라 달라진다.
누군가는 여론 조사로,
누군가는 정책 보고서로,
또 누군가는 언론 브리핑으로 민심을 파악한다.
하지만 김문수는 다르다.
그는 민심을 '거리에서',
그리고 '대화에서' 찾는다.

가장 날 것 그대로의 현장과
가장 진솔한 국민의 목소리 안에서
정치가 어디로 가야 할지를 읽는 사람이다.

정치를 내려놓고, 국민 곁으로 들어가다

선거 이후 낙선한 대부분의 정치인은
당내 권력 재편에 몰두하거나
잠행하며 정치적 기회를 엿보는 경우가 많다.
그러나 김문수는 다른 길을 선택했다.

경제 문제, 민생 문제, 시대 정신, 정치 현안을 이야기하며
국민의 소리를 듣고 있다.
그는 말한다.

"정치는 멀리 있지 않다.
국민의 눈과 입이 바로 정치다."

국민에게 다시 다가가는 통로

김문수는 유튜브를 홍보, 단지 발언의 창구로만 보지 않았다.

그는 국민의 반응을 직접 듣는 살아 있는 정치의 무대로 여겼다.
정치 언어 대신 일상 언어로
논문 대신 실제 사연으로
정책보다 마음을 나누는 콘텐츠로
그의 유튜브 채널에는
댓글마다 감동과 공감, 때론 비판도 쏟아지지만
그는 하나하나 읽으며
국민과의 연결을 결코 포기하지 않았다.

거리와 골목, 시장과 골방 — 그가 찾은 진짜 대한민국

김문수는
전통시장, 골목길, 다세대 주택가,
심지어 쪽방촌과 요양병원까지
직접 찾아다니며 민심을 듣는다.
그는 카메라 없이도 간다.
누구에게도 간다.
단지 한 사람의 이야기를 듣기 위해 간다.
그의 정치 행보는 이념도 진영도 초월한다.
그가 보고자 한 건 '국민의 눈빛'이며,
듣고자 한 건 '국민의 속마음'이었다.

민심은 조작할 수 없다

정치권은 여론 조사를 이용해 민심을 해석한다.
그러나 김문수는 단언한다.

"민심은 수치가 아니다.
진심을 품은 눈물과 한숨 속에 있다."

그는 현장에서
말없이 눈물 흘리는 어르신의 손을 잡으며,
청년들의 푸념을 한 시간 넘게 들어주며
민심은 조작할 수 없고,
정치는 그것 앞에 겸손해야 한다고 말한다.

거리에서 다시 살아난 김문수

김문수는 대선에서 졌지만
다시 태어났다.
그는 유권자의 마음을
선거가 아닌 삶에서 다시 만났다.
그가 돌아다니는 발걸음은
정치가 끝나서가 아니라

국민을 향한 책임이 끝나지 않았기 때문이다.
그래서 그는 선거를 하지 않아도
늘 '후보 같고, 대통령 같고, 시민 같았다.'

정리하며

김문수는 권력의 중심이 아니라
국민의 주변부에서 민심의 진실을 마주한 정치인이다.
그는 거리,
그리고 시민의 얼굴에서
정치가 가야 할 방향을 읽는다.
그의 정치엔 대단한 전략이 없다.
다만 진심이 있고, 실천이 있고,
국민을 향한 사랑이 있다.
지금 이 시대,
정말 필요한 지도자란
가장 가까이서 국민을 만나는 사람임을
김문수는 우리에게 증명하고 있다.

19. MZ세대와의 접점:
시대와 세대 넘나드는 소통

김문수를 생각하면, 흔히 '기성세대 정치인', '보수 어른'이라는 이미지가 먼저 떠오른다.

하지만 정작 그를 가까이에서 만나본 MZ세대는 이렇게 말한다.

"어르신인데, 우리 얘기를 진심으로 들어주는 몇 안 되는 정치인이에요."

김문수는 세대 간 단절이 심화되는 이 시대에,

진심과 실천으로 MZ세대에게 다가가며

세대 소통의 리더십을 보여 준 인물이다.

그는 청년들의 언어를 흉내 내지 않지만,

그들의 고통에 가장 가까이 있는 '어른'으로 인정받는다.

정치가 청년을 소비하는 시대

오늘날 정치권은 청년을 '표'로 소비한다.

'청년 정책', '청년 위원회', '청년 공약'이 넘쳐나지만

정작 청년은 들러리일 뿐,

실질적인 결정에서 소외되어 있다.

김문수는 이런 형식주의를 거부한다.

그는 청년을 정치적 자산이 아닌,
국가의 미래 주인공으로 대한다.

"청년은 나라의 고객이 아니라,
나라를 다시 일으킬 동역자다."

그는 청년을 '대상'이 아닌 '주체'로 세우는 진짜 정치를 실천한다.

그는 조언하지 않고, 먼저 듣는다

기성 정치인은 청년에게 충고하려 든다.
그러나 김문수는 청년의 말을 먼저 듣고,
끝까지 들어준다.
청년 창업가의 고충을 함께 고민하고
취업 실패로 상처받은 이들의 마음을 어루만지고
무기력한 MZ세대의 분노를 정당하게 여긴다.
그는 '요즘 젊은 것들'이라는 말 대신

"지금 젊은이들이 가장 많이 아프다"라고 말한다.

그 공감이 MZ세대의 마음을 열게 했다.

SNS와 유튜브, 진심이 통하는 플랫폼

김문수는 디지털 기술에는 능숙하지 않지만,
디지털 공간 속 '진심 소통'에는 능하다.
그는 청년들과 대화하고, 경청하며
'소통하는 어른'으로 자리잡고 있다.
그는 멋진 말을 하려 하기보다
질문을 던지고,
경청하고,
감동을 나눈다.
이러한 방식은
MZ세대가 원하는 수평적 소통 구조와 정확히 맞아떨어진다.

청년과 함께 뛰는 리더

김문수는 단지 말로만 청년을 위하지 않는다.
청년 창업 현장에 직접 가고,
청년들을 찾아가 응원하고,
그는 청년을 이해하려 애쓰기보다,
청년과 함께 움직이는 실천의 리더십을 보여 준다.
그래서 젊은이들이
그를 '우리 편'이라고 말한다.

청년에게 전하는 단 한 마디

김문수는 청년들에게 이렇게 말한다.

"나는 기성세대로서 미안하다.
하지만 나는 여러분이 희망을 잃지 않게 돕고 싶다."

이 말은 누구보다 정직하고 겸손한
세대 간 소통의 언어다.
그는 가르치려 하지 않고,
함께 걷고 싶어 한다.

정리하며

김문수는 '청년을 위하는' 정치인이 아니라,
'청년과 함께하는' 지도자다.
그는 MZ세대의 불만을 질책하지 않고,
그들의 분노를 무시하지 않는다.
대신 그들과 눈높이를 맞추고,
삶의 현장에서 함께 호흡한다.
그 진심이 통하고 있다.
그리고 그 진심이
김문수를 다시 주목하게 만드는 이유다.

20. 국민 속으로 들어간 '낡지 않은 사람'

•

김문수는 70대가 넘은 정치인이다.
그는 한국 정치의 1세대 운동권 출신이자
보수 진영의 원로로 분류되기도 한다.
하지만 그를 가까이에서 지켜본 사람들은 이렇게 말한다.
"이상하게, 김문수는 전혀 낡지 않았다."
나이는 숫자일 뿐이라는 말이 있지만,
정치에서는 경험이 때로는 고루함으로,
경륜이 때로는 권위주의로 변질되기 쉽다.
그러나 김문수는 오히려 나이를 더할수록
더 젊은 정치, 더 낮은 정치, 더 따뜻한 정치를 실천하고 있다.

'낡은 정치'를 거부한 사람

정치권에는 나이 든 정치인이 넘쳐난다.
그러나 김문수는 그들과 다르다.
그는 정치권 특유의
줄 세우기

이권 나누기
말장난식 논쟁을 싫어한다.
그는 오히려

"정치는 국민 속에 들어가는 것",
"현장과 호흡하지 않는 정치인은 퇴출당해야 한다"라고 말한다.

그런 점에서 그는 나이는 많지만 사고는 가장 젊은 정치인이다.

낡은 외형, 젊은 정신

김문수는 매일 걷는다.
사람들을 만나고,
스마트폰으로 뉴스의 댓글을 읽고,
시민들과 사진을 찍고,
젊은 유권자의 목소리에 귀 기울인다.
그는 젊은이들과 SNS에서 대화하고,
청년들과의 대화를 진행한다.
그런 활동 하나하나가
'정치인은 반드시 젊어야 한다'는 고정관념을 무너뜨린다.

그는 여전히 움직인다

정치인이 선거에 떨어지고 나면
대부분은 사라진다.
그러나 김문수는 그렇지 않았다.
그는 여전히
유세차에 오르고,
노동 현장을 찾고,
버스 안에서 시민에게 인사하고,
마트 입구에서 인사말을 건넨다.
이러한 '지속되는 실천'이야말로
그를 '현역 이상의 현역'으로 만들어 준다.

국민은 그를 낡았다고 느끼지 않는다

어떤 사람은
"김문수는 낡은 시대의 사람이다"라고 말한다.
하지만 국민은 느낀다.
그가 말하는 방식은 고전적일지 몰라도,
그가 전하려는 진심은 가장 현대적이라고.
그는 국민을 도구로 보지 않는다.
그는 국민을 향해 소리치지 않는다.

그는 국민 앞에서 고개를 숙인다.
이런 정치는 낡은 것이 아니라,
잊힌 것을 다시 꺼낸 가장 본질적인 정치다.

김문수는 여전히 '진행형'이다

그의 인생은 여전히 현재진행형이다.
퇴장이 아닌 확장 중이고,
회고가 아닌 진화 중이며,
기억이 아닌 실천 중이다.
그는 누구보다
국민과 가까운 위치에서
정치가 무엇을 해야 하는지 묻고,
자신이 할 수 있는 몫을 다하고 있다.

정리하며

김문수는 '낡은 정치인'이 아니라,
'시간을 이긴 정치인'이다.
그는 시대를 앞서갔고,
민심 속에 들어갔으며,

여전히 국민을 위해 걷고 있다.

그의 존재는

대한민국 정치가 아직 희망을 가질 수 있다는 증거이며,

정치는 다시, 국민 속에서 젊어질 수 있다는 살아 있는 증명이다.

Part 5.

김문수를
좋아하게 되는 이유들

21. 미담 제조기:

까도 까도 미담뿐인 사람

"까도 까도 미담뿐이다."
이 말은 흔히 연예인들에게 쓰이는 표현이지만,
정치인 김문수에게도 딱 들어맞는 말이다.
김문수를 가까이에서 겪은 사람들,
그와 함께 일했던 보좌진,
심지어 정치적 반대편에 있던 사람들조차
그의 미담을 '피할 수 없을 정도'로 이야기한다.
이 장에서는, 김문수를 인간적으로 존경할 수밖에 없는 이유,
그의 사람 냄새 나는 리더십의 현장을 엿본다.

미담①: 국회의원이 된 후에도 대중교통

김문수가 국회의원이던 시절,
대중교통을 이용했다.
수행비서도 없이, 혼자 정류장에 서 있다가
시민들과 똑같이 줄을 서서 버스를 탔다.
비서가 차를 대기시키자 그는 이렇게 말했다.

"나는 권력을 누리러 온 사람이 아니오.
국민의 삶 속에 살아야지."

그 모습은 당시 젊은 보좌관들에게 깊은 울림을 남겼고,
지금도 '정치인의 본보기'로 회자된다.

미담②: 골목에서 쓰레기 줍던 도지사

경기도지사 시절, 김문수는 어느 날
아침 일찍 골목을 돌며 쓰레기를 줍고 있었다.
주민이 그를 알아보고 깜짝 놀라 묻자,
그는 웃으며 말했다.

"청소하는 분들이 오늘 휴가라서요.
제가 오늘은 잠시 대행합니다."

주민은 그 모습을 SNS에 올렸고,
"진짜 지도자는 이렇게 사는구나"라는 댓글이 줄을 이었다.

미담③: 비서에게 '저녁 약속 금지령'

김문수는 보좌진, 수행비서, 운전기사에게 특별한 때를 제외하고 철저한 '저녁 해방'을 지켰다.

"정치는 혼자 하는 게 아니라, 가정이 있는 사람들과 함께 하는 거야.
퇴근하면 얼른 집에 가. 가족이 자넬 기다리잖아."

그는 밤늦은 회식도 하지 않았고,
가족과 함께 있는 시간은 절대 침해하지 않았다.
그 덕분에 김문수 주변에 있었던 젊은 참모들은
정치 속에서도 인간적인 삶을 지킬 수 있었다고 회고한다.

미담④: 현장 실습생 청년에게 손 편지

어느 날 도청에 현장 실습을 온 청년에게
김문수가 먼저 말을 걸었다.
청년은 놀라워했고,
며칠 후 그 청년은 사무실 우편함에
김문수가 직접 쓴 손 편지를 받게 된다.

"짧은 실습 기간 동안 당신의 열정을 봤습니다.
대한민국의 미래가 참 든든합니다."

그 청년은 지금 공무원이 되었고,
자신의 책상 한 켠에 그 편지를 아직도 붙여 두고 있다.

미담⑥: 단 한 번도 '야!'라고 부른 적 없는 사람

김문수는 누구를 대할 때든
항상 이름을 부르고, 존중어를 사용한다.
국회 경비원에게도 "선생님"이라 부르고
청소 노동자에게 "고맙습니다"라고 인사하며
자신을 비판하는 사람에게도 "말씀 감사합니다"라고 답한다.
그는 말한다.

"말투가 곧 인격입니다."

그의 따뜻한 언어 습관은
그를 아는 모든 이들에게 사람됨의 품격을 느끼게 한다.

왜 미담이 이렇게 많을까?

정치인 김문수의 미담은
'전략적으로 포장된 이야기'가 아니다.
그는 언론의 스포트라이트를 받지 않는 곳에서,
언제나 혼자서, 조용히, 꾸준히 좋은 일을 해 왔다.
그렇기에, 그의 미담은
이야기가 아니라 '누적된 삶'의 총합이다.

정리하며

김문수는 완벽한 사람이 아니다.
그 역시 실수도 있고, 논란도 있었으며
때로는 불편한 말을 해 화제가 되기도 했다.
하지만 한 가지는 분명하다.
"김문수를 가까이에서 본 사람은
절대 그를 험담하지 않는다."
그의 미담은 퍼포먼스가 아닌 습관이다.
그의 리더십은 이미지가 아닌
사람 자체에서 우러나는 실천의 힘이다.
그래서 까도 까도 미담이다.
그리고 그래서,

그를 좋아할 수밖에 없는 이유가 여기에 있다.

22. 적에게도 진심을 다하는 품격

●

김문수를 가장 잘 설명할 수 있는 단어 중 하나는 '진심'이다.

그의 진심은 단지 자신의 편이나 지지자들에게만 국한되지 않는다.

오히려 그는 자신을 반대하거나, 공개적으로 비판하거나, 정치적으로 적대적인 상황에 있는 사람들에게조차 한결같은 자세로 대한다.

비난 속에서도 예의를 잃지 않고, 조롱을 당해도 정색하지 않으며, 오해를 품은 사람에게도 먼저 다가가 설명하려 한다.

이러한 태도는 단순히 인간적인 인내심이 아닌,

정치를 바라보는 철학과 품격의 문제다.

김문수에게 정치는 적을 무너뜨리는 싸움이 아니라,

서로 다른 생각을 가진 국민 모두를 하나로 품어야 하는 책임이었다.

"그분도 나라 걱정하는 마음은 같다고 생각합니다."

김문수는 종종 자신을 공격하는 이들을 두고

"그분도 나라 걱정하는 마음은 나와 같다고 생각합니다. 방법의 차이일 뿐입니다."라는 말을 했다.

이 말은 단순한 외교적 제스처가 아니다.
그는 상대의 관점과 출발점을 인정하고,
비판도 하나의 애정 표현으로 받아들이는 포용의 정치를 실천해 왔다.
그가 도지사로 재직 중이던 시절,
경기도청 앞에서 그를 비판하는 시민단체가 지속적인 시위를 벌였다.
대부분의 정치인이 그저 피하거나 무시하는 방식으로 대응할 때, 김문수는 그 단체의 대표를 직접 집무실로 초청했다.
차를 내오고, 자료를 준비해 설명하며 2시간 넘게 대화를 나눈 그 자리에서 비판은 설득으로, 대립은 이해로 바뀌었다.
단체는 이후 투쟁 방식을 바꾸었고, 일부 요구안도 재조정했다.
그는 이 일을 두고 이렇게 회상했다.

"내 입장을 먼저 주장하기보다,
상대가 왜 그럴 수밖에 없었는지를 먼저 듣는 것이 중요합니다."

진심은 결국 마음을 움직인다

한번은 어느 대학 강연 도중,
한 청년이 공개적으로 그를 향해 "기득권 정치인"이라고 비난한 일이 있었다.
일순간 강연장은 긴장감이 감돌았고, 많은 사람이 불편한 표정을 지었다.
하지만 김문수는 전혀 화를 내지 않았다.
오히려 청년을 바라보며 이렇게 말했다.

"그렇게 말씀하실 수도 있습니다.
제가 잘못 보였을 수도 있고, 제가 설명을 잘 못 했을 수도 있지요.
당신의 생각을 듣게 되어 감사합니다."

강연이 끝난 후, 그 청년은 직접 김문수를 찾아와
"생각보다 훨씬 따뜻한 분이었다"라며
오해를 풀었다고 한다.
진심은 시간이 걸릴 수는 있어도
결국 마음을 움직인다.
김문수의 정치는 그 '진심'을
말이 아닌 '태도'로 증명하는 과정이었다.

공격을 피하는 것이 아니라, 품는 정치

정치에서 공격은 피할 수 없는 운명이다.
그러나 그것을 피하거나 방어하는 방식은 각자의 리더십을 드러낸다.
김문수는 '공격을 피하는 리더'가 아니라
'공격을 품는 리더'였다.
그 온라인상에서 조롱당했을 때도 일일이 반박하지 않았다.
그는 이렇게 말했다.

"지나친 반박은 오히려 내 마음을 흔들어 놓을 뿐입니다.
시간이 지나면 국민이 다 알게 됩니다."

이 말에는 신념과 확신이 담겨 있다.
자신의 길을 믿고, 국민의 눈을 믿는 정치인의 자세였다.

감정을 다스리는 힘, 신앙에서 나온 품격

김문수의 이러한 태도는 어디에서 나온 것일까?
그의 말처럼 '그저 훈련된 인내심'일 수도 있겠지만,
그 뿌리는 깊은 신앙과 자기 성찰에서 비롯된 것이다.
그는 매일 아침 기도로 하루를 시작했고,
성경을 읽으며 자신을 돌아보는 시간을 꾸준히 가졌다.

그래서일까?
그의 말투는 거칠지 않고,
그의 얼굴에는 항상 평온함이 담겨 있었다.
그 평온함은
'공격을 받을 때 흔들리지 않는 리더십'으로 드러났다.

정리하며

김문수는 이념보다 사람을 먼저 보았고,
적대보다 이해를 우선시했다.
그는 진심으로 상대를 대하고,
끝까지 품으려는 노력을 멈추지 않았다.
그렇기에 그는 단지 정치적 편가르기의 리더가 아니라,
국민 모두를 향한 리더,
진짜 민주주의를 실천하는 리더로 평가받는다.
지금 대한민국에 필요한 것은
바로 이런 '적도 감동시키는 품격의 리더십'이 아닐까.
김문수는 그것을 이미 오래전부터 보여 준 사람이다.

23. 시민과 대화하는 습관, 듣는 리더의 미학

•

진정한 리더는 말 잘하는 사람이 아니라, 잘 듣는 사람이다.
김문수는 탁월한 연설가로 알려졌지만,
그의 리더십이 더욱 빛났던 지점은
'국민의 목소리를 듣는 자세'에 있었다.
정치인이 되기 이전부터,
그는 늘 사람들 속에서 귀를 열고,
고개를 끄덕이며, 끝까지 경청하는 태도를 잃지 않았다.
그것이 그의 리더십의 출발점이자
가장 매력적인 미학이다.

'현장에 답이 있다'는 삶의 철학

김문수의 정치 행보에는 항상 '현장'이 있었다.
관료적 보고서보다, 직접 눈으로 보고 듣는 것을 더 신뢰했고,
통계 수치보다 시민의 목소리를 더 중요하게 여겼다.
경기도지사 재직 시절,
매주 '현장 민원 청취의 날'을 정해

시민들과 직접 만나 이야기를 들었고,
도청 내 민원실을 수시로 방문해
직원들 뒤에서 시민과의 대화를 듣고, 필요한 경우 바로 개입했다.
한 번은 도청으로 한 어르신이 분노에 찬 민원을 제기하며 찾아왔다.
직원들이 어르신을 돌려보내려 하자, 김문수는 조용히 그 옆에 다가섰다.
그리고는 의자 하나를 꺼내어 함께 앉고,
30분 넘게 어르신의 사연을 경청했다.
그 자리에서 그는 어떤 대단한 정책을 약속하지 않았다.
단지, 그의 '경청'이 어르신의 마음을 녹였다.
어르신은 말미에 이렇게 말했다.
"말 한마디 제대로 안 하시더니,
눈빛 보니까…. 이 사람은 진심이야."

대화는 정치인의 '양심'이다

김문수는 말한다.

"정치인은 먼저 말을 하기보다,
말을 듣는 데서 정치가 시작돼야 합니다."

그는 국회의원이던 시절,

자신이 지역구로 삼은 성남의 골목마다 돌아다녔다.
구멍가게, 택시 승강장, 시장 골목, 청년 창업센터,
때로는 쪽방촌과 재개발지구까지,
언제든 시민을 만날 수 있는 곳이라면 어디든 갔다.
이때 그는 늘 수첩을 들고 다녔다.
시민들이 하는 말 하나하나를 적으며
"이 말씀이 정책이 돼야 한다"라고 말했다.
그는 기계적인 설문 조사보다,
시민의 한숨, 눈빛, 생활의 톤을 더 정확한 '민심'으로 여겼다.

김문수는 자신이 다 알지 못한다는 것을 인정하는 정치인이었다

그래서 그는 자주 묻고, 더 많이 들었다.
장관 후보 시절에도, 전문가 회의에 참석해
정책에 관한 설명을 듣고 질문을 던지며,
스스로를 끊임없이 검증했다.
그는 리더십의 중심을 이렇게 정의했다.

"나는 대단한 사람이 아니라,
대단한 국민을 많이 만나고, 많이 들은 사람입니다."

그래서 그에게 있어 '대화'는 전략이 아니라 양심이었다.

가식이 아니라 삶의 태도였다.

민심의 말 한마디에 무릎 꿇는 사람

그가 보여 준 리더십은
'국민을 위한'이 아니라,
'국민 앞에 서는' 리더십이었다.
한번은 도지사 시절,
택시 운전기사로 근무(2009~2011, 3년간 28차례, 경기도 전역 돌며 236시간, 3,080km 운행)를 하던 중,
동료 기사 한 명이 말했다.
"지사님, 그냥 한번 타 보고 쇼하는 거 아니에요?"
그 말을 들은 김문수는
그날 밤 진심 어린 편지를 그 기사에게 썼다.

"제 짧은 행동이 오히려 상처가 됐다면, 용서해 주십시오."

그 편지는 기사 휴게실 벽에 오랫동안 붙어 있었다.
그런 진심이 사람을 움직인다.
그런 리더십이 기억에 남는다.

**김문수는 말로 세상을 바꾸기보다,
사람의 말을 듣고 세상을 바꾸고자 했다**

그는 늘 '국민의 편'이라 말하지 않았지만,
늘 '국민의 곁'에 있었다.
그의 대화 방식은 형식이 아니라 철학이었고,
그의 경청은 기술이 아니라, 인격이었다.

정리하며

듣는 리더의 미학.
그것이
지금의 시대에 다시 그가 필요한 이유다.

---

24. 매일 기도하고, 매일 걷는 자기관리형 리더십

●

지도자는 하루아침에 만들어지지 않는다.

삶의 습관, 시간의 축적, 그리고 자기 절제와 단련을 통해 완성된다.
김문수의 리더십은 어느 날 갑자기 탄생한 것이 아니다.
그는 누구보다도 자신을 철저히 관리하며 살아온 사람이었다.
그의 일상은 단순하면서도 놀랍다.
매일 아침 기도로 하루를 시작하고,
시간이 날 때마다 걷는다.
어떤 날은 수십 킬로미터를 걸으며, 사람을 만나고, 생각을 정리한다.

기도로 시작하는 하루

김문수는 신앙인이자 실천가이다.
정치와 종교는 분리되어야 한다는 원칙을 존중하면서도,
그는 개인의 내면과 정신을 다잡기 위해
성심으로 기도해 왔다.
그가 새벽마다 무릎 꿇고 기도하는 장면은
가족, 지인, 측근들에게 익숙한 풍경이다.
그는 세상 앞에 나서기 전, 먼저 하나님 앞에 나선다.
기도로 하루를 시작하고,
기도로 하루를 반성하며 마친다.

"기도는 나를 낮추는 일입니다.
리더가 먼저 낮아져야, 사람들의 목소리가 들립니다."

그는 기도를 통해 권력의 유혹에서 자신을 지켜왔고,
비난과 시련 속에서도 중심을 잃지 않을 수 있었다.
기도는 그에게 '정신의 뿌리'였고,
리더십의 인내심과 균형 감각을 유지하는 원동력이었다.

하루 만 보, 걷는 지도자

김문수를 오랫동안 지켜본 이들은 안다.
그는 걷는 사람이다.
선거운동이 없을 때도 그는 혼자 걷는다.
양복바지에 운동화를 신고, 골목길을 누비고,
버스를 타고, 산책로를 걷고,
때로는 산을 오르기도 한다.
이 걷기는 단순한 운동이 아니다.
생각을 정리하는 시간이고,
국민의 삶을 몸으로 느끼는 과정이다.
한 걸음 한 걸음이 국민의 일상에 다가가는 길이다.
도지사 시절에는 실제로
택시 운전사로 근무하며 경기도 전역을 돌아보았다.
일반 시민들과 함께 호흡하며 그 삶의 무게를 온몸으로 체험했다.

"직접 걸어봐야,
그 길에 웅크린 사람들이 보입니다."

그는 발로 뛰는 지도자였다.
보고서가 아닌 현장을 걷고,
서류가 아닌 사람의 얼굴을 읽는 정치인이었다.

자기 관리의 철학

김문수는 평생 절제하며 살아왔다.
과도한 사교를 즐기지 않았고,
밤늦은 약속보다 새벽 기상과 규칙적인 생활을 우선시했다.
그는 '정치인의 사생활'도 국민의 기대에 부응해야 한다고 믿었다.
그런 의미에서 그는 '정치인 이전에 성실한 시민'이었다.
그의 자기 관리는 단순한 절제가 아닌,
국민을 대표하는 사람으로서
책임 있는 삶을 살고자 하는 '스스로의 약속'이었다.
김문수는 외유보다 내실을 택했고,
대중의 환호보다 자신 내면과의 대화를 중시했다.
그런 철학은 그를 흔들리지 않는 리더로 만들었다.

위기 속에서 더욱 단단해지는 사람

정치 인생의 위기 때도,
그는 뒷모습이 흐트러지지 않았다.
비난이 쏟아졌을 때에도 평소처럼 새벽 기도에 나섰고,
발걸음을 멈추지 않았다.
그가 위기에서 무너지지 않았던 이유는
자신의 내면을 단단히 지키는 정신의 루틴을 갖고 있었기 때문이다.
걷고, 기도하고, 듣고, 침묵하며….
그는 그 리듬을 통해 다시 일어섰다.
그 모습은 많은 사람에게 감동을 주었다.
특히 젊은 세대에게 '자기 관리를 통한 리더십'의 모델로 비쳐졌고,
중장년층에게는 '흔들리지 않은 성실함'의 상징이 되었다.

정리하며

정치란 거대한 말과 권력의 전쟁처럼 보이지만,
그 실체는 '하루를 어떻게 보내는가'에 있다.
김문수는 매일을 똑같이 살았다.
기도하고, 걷고, 듣고, 생각하고, 반성하고, 또 나아갔다.
그 일상이 곧 그의 리더십이었고,
그 루틴이 그를 흔들림 없는 사람으로 만들었다.

지도자는 자신을 이기는 사람이어야 한다.

국민 앞에 당당히 설 수 있어야 한다.

25. 그를 아는 이들이 말하는 '진짜 김문수'

●

한 사람을 진정으로 알기 위해서는,

그 사람을 곁에서 오랫동안 지켜본 이들의 목소리를 들어야 한다.

김문수 역시 마찬가지다.

그를 가까이서 지켜본 이들은 입을 모아 말한다.

"겉으로 보이는 이미지보다, 진짜는 훨씬 더 깊고 따뜻한 사람이다."

김문수는 대중 앞에서는 때로 딱딱하거나 과묵한 인상을 주기도 했다.

하지만 그를 진심으로 아는 사람들은 그의 또 다른 얼굴을 기억하고 있다.

그는 진중한 사람이었고, 따뜻한 사람이었으며, 철저한 자기 성찰의 사람이었다.

그리고 무엇보다, 한결같은 사람이었다.

'언제나 낮은 곳에 있던 사람'

김문수를 오랫동안 함께한 보좌관은 이렇게 회상한다.
"정치인이 되었다고 달라지지 않았어요.
김문수는 여전히 시장 바닥을 걸었고,
길거리 노점상 아주머니의 말을 놓치지 않았어요.
오히려 더 낮은 곳으로 내려갔지요."
그는 도지사 재임 중에도 고급 관용차를 자제했고,
간소한 복장으로 민간 행사에 참석하곤 했다.
고위직 공무원조차도 당황할 만큼 현장 중심, 민심 중심의 리더십을 고수했다.
'도지사실'보다 '길거리'에 더 자주 있었다.

"나를 만나기 위해 오게 하기보다,
내가 그들에게 가야 한다"라는 신념이

김문수의 정치 행보를 이끌었다.

'형처럼, 선생님처럼, 기도하는 동지처럼'

김문수를 오래 알았던 정치인은 그를 이렇게 말했다.
"그는 동료에게는 형 같고,

후배에게는 선생님 같고,
그리고 같은 신앙인에게는 기도하는 동지 같았다."
그는 주변 사람들에게 늘 따뜻하게 다가갔고,
누군가 어려움을 겪는다는 이야기를 들으면 먼저 전화했고,
병석에 있는 동지를 위해 직접 기도문을 써서 전달하기도 했다.
한 선배 정치인은 김문수가 매달 첫 주 월요일마다
자신에게 '묵상과 기도'에 관한 짧은 글을 보냈다고 회상한다.
그 내용은 항상 시대를 바라보는 신앙인의 자세,
지도자의 책임, 그리고 함께 기도하자는 초대였다.

'참 이상한 정치인입니다'

언론인 출신의 한 지인은 김문수를 이렇게 말했다.
"그는 참 이상한 정치인입니다.
'계산'이 없습니다.
'쇼맨십'이 없습니다.
그런데도 사람을 끌어당깁니다."
이는 아마 김문수가 가진 '진심의 힘' 때문일 것이다.
그는 대중 앞에서 울거나, 인위적으로 감정을 연출하지 않았다.
그 대신, 필요한 말만 짧게 하고, 침묵 속에 묵직한 메시지를 담았다.
'보여 주는 리더십'보다 '쌓아 가는 리더십'을 택했기에
오래 볼수록 깊어지는 정치인이라는 평가를 받는다.

'그는 흔들리지 않는 사람입니다'

김문수를 곁에서 오랫동안 지켜본 목회자는 이렇게 말한다.
"그는 바람에도, 칭찬에도, 공격에도 흔들리지 않는 사람입니다.
기도로 중심을 잡는 사람이지요."
이 말은 김문수의 정신세계와 삶의 태도를 잘 요약한다.
수많은 정치적 파고 속에서도 그는
누구의 편도 아니고, 그저 국민의 편에 서는 길을 택해 왔다.
그의 중심은 '하나님의 뜻'과 '국민의 눈'이라는 기준에 있었다.
그래서 그는 외로웠고, 그래서 그는 강해졌다.
자기 확신과 묵상의 힘은
그를 언제나 흔들림 없는 사람으로 만들었다.

정리하며

사람들은 종종 말한다.
"김문수? 잘 몰랐는데, 알고 보니 대단한 사람이더라."
정치적 캐릭터나 이념보다,
인간 김문수의 내면을 들여다본 사람들은
'믿고 따를 수 있는 사람'이라고 말한다.
말보다 삶이 진실을 증명하고,
권위보다 진심이 존경을 이끈다.

김문수는 그 길을 묵묵히 걸어왔다.

그를 아는 이들이 말하는 '진짜 김문수'는,

리더의 모범이자, 시대가 다시 찾고 있는 지도자의 전형이다.

26. 가족 사랑, 울보 김문수

●

"내가 세상에서 제일 미안하고 고마운 사람은 아내입니다."

김문수를 오래 지켜본 이들은 공통으로 한 가지를 말한다.

"김문수는 눈물이 많은 사람"이라는 것이다.

정치 현장에서도, 기도회 자리에서도,

가족을 이야기할 때면 유난히 눈시울이 붉어진다.

그는 자주 울었다.

아내 이야기를 할 때, 아들 이야기를 할 때,

자신의 어머니와 형제들, 며느리와 손주 이야기까지—

그 안에는 고된 삶을 함께 걸어온 한 가족에 관한 깊은 애정이 담겨 있었다.

위장 취업 시절, 홀로 가정을 지킨 아내

1980년대, 김문수가 위장 취업을 했던 시절,
그는 거의 집에 들어가지 못했다.
목숨을 건 수배 생활, 공장 근무, 투옥—
그 모든 동안 아내는 홀로 아들을 키우고 가정을 지켰다.
김문수는 말한다.

"그때 나는 가족에게 아버지도, 남편도 아니었어요.
나라를 바꾸겠다는 뜻은 있었지만,
아내의 외로움은 그보다 더 깊은 것이었습니다."

그래서 그는 더 미안했고,
더 많이 사랑했다.
그가 세상의 높은 자리에 오르며
처음 고개를 숙이고 눈물을 흘린 대상은,
바로 자신의 아내와 가족이었다.

정치인이기 전에 남편이자 아버지

경기도지사 시절,
김문수는 매일 아침 5시 기상 후,

가족을 위해 기도하는 것으로 하루를 시작했다.
공적인 일보다 사적인 가정이 먼저라는 신념 때문이었다.
그는 자녀들에게 '유산'을 물려주진 못할지라도
아버지의 땀과 진심은 물려줄 수 있다고 믿었다.
외동딸과 통화하며 우는 모습
손주의 돌잔치에서 혼자 눈물 훔치는 장면
아내의 생일에 써 준 편지 한 장
이런 소소한 일상은 그를 '인간 김문수'로 기억하게 만들었다.

가족이 그의 정치의 시작이자 끝

김문수에게 '가족'은
정치의 논리나 도구가 아니었다.
그는 늘 말했다.

"나라를 생각하는 것도,
결국 내가 사랑하는 가족을 지키고 싶은 마음입니다."

그는 가정의 해체, 교육의 불균형,
노부모의 소외, 청년의 절망을
모두 정치가 책임져야 할 문제로 여겼다.
노후를 홀로 보내는 어르신들을 위한 복지

부모 부담을 줄이는 교육 제도
청년이 결혼하고 가정을 이룰 수 있는 사회 기반
이 모든 정책이 '가족'에서 출발했고,
그의 눈물은 진심이었다.

울보 김문수, 진심의 정치인

그는 언젠가 인터뷰에서 이렇게 말했다.

"나는 매일 울어요.
가족 생각하면 울고,
나라 생각하면 또 울고,
국민 생각하면 그냥 눈물이 납니다."

울보 김문수.
그러나 그 눈물은 부끄러운 것이 아니었다.
그것은 사람을 아끼는 마음,
책임을 다하지 못한 미안함,
그리고 더 잘하고 싶은 간절함이었다.
정치는 차가운 이성과 계산으로만 되는 일이 아니며,
국민의 아픔에 눈물 흘릴 수 있는 사람만이
진짜 정치인이 될 수 있다는 것을

그는 삶으로 증명해 보였다.

정리하며: 김문수를 좋아하는 또 하나의 이유

사람들은 김문수를 강인한 사람으로 기억한다.
그러나 그 강인함의 이면엔
가족을 향한 깊은 사랑과 따뜻한 눈물이 있었다.
그는 전장에서 돌진하는 투사였지만,
집에서는 늘 고개 숙이고 미안해하던 아버지였다.
국가를 생각하는 지도자였지만,
먼저 한 여인의 남편으로,
아이의 아버지로,
노모의 아들로 살고자 했던 사람이었다.
그래서 사람들은 말한다.
"가족 이야기할 때 우는 김문수,
그 눈물 때문에 나는 그를 좋아하게 됐습니다."
그 눈물은 위선이 아닌 진심이었고,
그 진심은 오늘도 사람들의 마음에 닿는다.

27. 가까이 갈수록 좋아지는 사람의 힘

●

어떤 사람은 멀리서 볼 때 좋아 보이지만,
가까이 다가갈수록 실망스러운 경우가 있다.
반대로, 어떤 사람은 처음엔 낯설고 불편하지만
알수록, 다가설수록 더욱 깊은 감동을 주는 이가 있다.
김문수는 그 후자다.
가까이 갈수록 좋아지는 사람,
알수록 존경하게 되는 사람이다.

첫인상은 투박하다

김문수는 세련된 언변이나 부드러운 카리스마를 가진 인물은 아니다.
말투는 직설적이고, 표현은 때로 투박하다.
하지만 그 진심이 전달되는 순간,
사람들은 알게 된다.
"이 사람, 정말 진짜구나."
그가 보여 주는 말과 행동, 표정과 태도에서
위선이나 가식은 찾아볼 수 없다.

'그냥 좋은 사람'이라는 평가

정치인은 일반적으로 평가가 엇갈린다.
지지자와 반대자, 진영 논리에 따라 평이 나뉜다.
그러나 김문수에 관해서는
이상하리만큼 '공통된 평가'가 있다.
"그냥 사람이 좋다."
"의도가 참 맑은 분이다."
"욕심이 없어 보인다."
이런 평가가 진영을 초월해 나온다.
그건 그가 말보다 삶으로 보여 주는 사람이기 때문이다.

그에게선 계산이 보이지 않는다

정치에는 '전략'이 중요하다고들 한다.
하지만 김문수는 정치를 하면서도
'계산'은 하지 않는 사람으로 통한다.
득표에 불리하더라도 옳다고 생각하면 말하고,
조직에 밉보일지라도 양심에 따라 행동하며,
선거에 손해가 될지라도 약자를 먼저 챙긴다.
이런 태도는 때때로 그를 손해 보게 만들지만,
오히려 국민 마음속엔 깊은 신뢰를 심어 준다.

인간적 체취가 나는 정치

김문수의 리더십은 이론적 설명보다
인간적인 체험에서 우러난다.
노동 현장에서의 땀,
감옥에서의 반성,
도청에서의 청렴 행정,
유튜브에서의 소통….
그 모든 과정은
그가 국민과 같은 공간, 같은 감정, 같은 고통을 공유해 온 삶이라는 걸 보여 준다.

가까이 있는 사람들의 말

김문수를 오래 보좌했던 한 참모는 이렇게 말했다.
"오래 함께했지만, 단 한 번도 '정치인 같다'고 느껴 본 적이 없습니다.
그냥 좋은 어른, 좋은 사람이라는 느낌만 있었습니다."
또한 한 청년 유권자는 그를 이렇게 평가했다.
"정치인을 보면 보통 거리감이 느껴지는데,
김문수는 그냥 옆집 할아버지 같은 친근함이 있어요."

좋아함이 존경으로 이어지다

김문수를 좋아하는 사람들은
단순한 팬심을 넘어
삶의 태도까지 영향을 받았다고 고백한다.
"저도 정치보다 국민을 생각하는 사람이 되고 싶어요."
"김문수처럼 묵묵히 행동하는 사람이 되고 싶어요."
그의 인품은 단순한 호감에서
인생의 롤 모델로 발전하는 힘을 가지고 있다.

정리하며

김문수는 '정치인'이라는 틀을 넘어
'좋은 사람'이라는 원형을 우리에게 상기시키는 인물이다.
가까이 갈수록 더 좋고,
알수록 더 따뜻하며,
함께할수록 믿음이 생긴다.
그의 리더십은 말의 기술이 아닌
사람됨의 힘에서 나오는 것이며,
그것이 바로 많은 사람이
김문수를 '좋아하지 않을 수 없는 이유'다.

28. 비판도 품는 너그러움과 유쾌함

•

정치인이 비판을 받는 것은 숙명이다.
그런데 그 비판 앞에서 보이는 태도는
그 사람의 '진짜 품격'을 드러낸다.
김문수는 수많은 비판과 논란의 중심에 서 있었지만,
그때마다 보인 태도는 한결같았다.
정면 돌파도, 억울함, 호소도 아닌 — '유쾌한 너그러움'이었다.

'그 말도 맞습니다.' — 반론보다 수용

김문수는 TV 토론이나 유튜브 라이브 방송에서
상대의 날카로운 지적을 들었을 때, 자주 이렇게 말했다.

"좋은 말씀입니다."
"그런 시각도 있다는 걸 배웁니다."
"그 비판, 귀담아듣겠습니다."

이런 말은 상대를 무장 해제시키고,

오히려 김문수에게 더 깊은 신뢰를 주었다.
그는 결코 말싸움에 이기려 하지 않았다.
진심을 다해 설득하거나, 묵묵히 수용하는 길을 택했다.

때론 조롱조차 유쾌하게 넘긴다

정치인은 조롱을 받을 때 방어적이 되기 쉽다.
하지만 김문수는 조롱조차 웃으며 받아넘긴다.
"김문수는 도대체 뭘 하려는 거냐?"라는 비아냥에,

"국민이 원하면 아무거나 다 해 보려는 사람입니다."라고 웃었고,

"너무 촌스럽다."라는 비판엔

"맞습니다, 시골 출신이라 티가 납니다."라며 농담을 던졌다.

그의 유쾌한 태도는
공격을 유머로 전환시키는 정치적 품격을 보여 준다.

그는 '싸움꾼'이 아니라 '웃음 주는 사람'

김문수는 격렬한 정치 논쟁의 현장에서도
늘 웃는 얼굴이었다.
그는 분노보다 유머로,
대립보다 너그러움으로 상대를 마주했다.

"정치가 싸움판처럼 보일수록,
저는 한 사람쯤은 웃는 얼굴로 남고 싶었습니다."

그의 이런 태도는
분열의 시대에 희귀한 리더십 자산이다.

자신을 향한 풍자도 감정 없이 수용

그의 패러디나 유머 콘텐츠가 온라인에 종종 떠돈다.
그러나 그는 절대 고소하거나 삭제 요청을 하지 않았다.
오히려 방송에서 이런 말을 남겼다.

"풍자는 관심의 또 다른 표현입니다.
저를 기억해 주시는 것만으로도 감사합니다."

이 말 한마디에
그를 조롱하던 이들도 머쓱해졌고,
오히려 그를 다시 보게 되었다.

실수했을 땐 빠르게 사과

정치인의 실수는 흔히
'오해였다', '왜곡이다'라는 식으로 빠져나가려 한다.
그러나 김문수는
실수했을 때 즉각 인정하고 사과한다.

발언이 과했다면 "그건 제 불찰입니다."

오해가 생겼다면 "오해받을 수 있는 표현을 쓴 제가 문제입니다."

이런 자세는
정치인의 기본자세를 다시 생각하게 만든다.

정리하며

김문수의 리더십에는

'비판을 적으로 보지 않는 그릇'이 있다.
그는 모든 비판을 자신을 성장시키는 자양분으로 삼고,
모든 논쟁을 국민과의 소통으로 여긴다.
그 너그러움은 단순한 인내가 아니라,
국민을 향한 진심에서 비롯된 존중의 방식이다.
그리고 그 유쾌함은
진심이 있는 사람만이 가질 수 있는
단단한 여유다.
김문수는 싸우는 지도자가 아니라,
웃으며 국민 곁에 머무는 지도자다.

29. 김문수는 왜 믿을 수 있는 사람인가?

●

신뢰는 정치인의 가장 중요한 자산이다.
능력보다 신뢰, 말보다 진심,
계산보다 일관성이 정치인의 생명이다.
김문수는 그 모든 기준을
'행동'으로 증명해 온 사람이다.

그를 오래 지켜본 사람들은 하나같이 말한다.
"김문수는 믿을 수 있는 사람이다.
적어도 거짓은 말하지 않는 사람이다."
이 장에서는 김문수가 왜 믿을 수 있는 정치인인가?의 근거를 하나씩 살펴본다.

말과 행동이 일치한다

김문수는 어떤 말을 했든,
그 말과 행동 사이에 괴리가 없다.

"서민과 함께하겠다"라는 말 뒤에는

노동 현장 위장 취업과 감옥 생활이 있었고,

"낮은 자리에서 봉사하겠다"라는 말 뒤에는

골목길 쓰레기 청소와 버스 출근이 있었다.
정치인에게 가장 흔한 '공허한 말'은
김문수에게는 실천의 출발점이었다.

권력과 이익을 좇지 않는다

김문수는 권력과 거리 두는 정치인이었다.
도지사직 이후에도 청와대나 국회로 향하지 않았고,
자신의 정치생명을 위해 '줄서기'를 하지 않았으며,
끝까지 양심과 신념을 따라 홀로 서는 길을 택했다.
그래서 그의 정치 인생은 때로 불리했고,
늘 외로웠다.
그러나 그 길은 정직함과 일관성의 길이었다.

감정과 분노에 휘둘리지 않는다

정치인은 격한 언쟁과 충돌 속에서
자신을 잃기 쉽다.
하지만 김문수는 감정을 다스릴 줄 안다.
자신을 공격한 사람에게도

화를 내기보다 "고맙다."라고 말하고,

분노를 유발하는 이슈에도
차분히 자신의 견해를 설명한다.
그는 말한다.

"정치는 감정을 다스리는 일이오."

그 품성과 절제력은
국민에게 신뢰를 주는 힘이다.

남 탓을 하지 않는다

정치인이 실패했을 때,
가장 먼저 찾는 것은 '책임 전가'이다.
하지만 김문수는 책임을 피하지 않는다.
선거에 졌을 때는

"국민의 선택을 못 받은 제 부족"이라 했고,

논란이 생겼을 때는

"설명을 제대로 못 한 제 잘못"이라고 말했다.

이런 자세는
국민에게 "이 사람은 믿어도 된다"라는 인식을 심어 준다.

공적·사적 일관성이 있다

사석과 공석의 태도가 다른 정치인은 많다.
그러나 김문수는 누구와 함께 있든
항상 똑같은 말, 똑같은 표정, 똑같은 태도를 유지한다.
혼자 있을 때도 겸손하고,
일반 시민과 있을 때도 예의를 잃지 않고,
카메라가 꺼진 순간에도 진지함을 잃지 않는다.
그런 모습은 주변 사람들로 하여금
"이 사람은 가식이 없다."라고 느끼게 만든다.

위기에서 드러나는 진짜 신뢰

진짜 신뢰는 위기에서 드러난다.
김문수가 위기에 처했을 때,
그를 돕기 위해 나선 이들은
화려한 인맥도, 조직도 아니었다.
그를 돕기 위해 모인 이들은
그와 함께 땀 흘렸던 청년들,
말없이 함께했던 지지자들이었다.
그것은 그의 신뢰가
명예에서가 아니라, 관계 속에서 쌓였다는 증거다.

정리하며

김문수를 보면
"정치도 믿을 수 있다."라는 생각이 들게 된다.
그는 거짓 없이 말하고,
손해 보더라도 신념을 지키며,
사람을 이용하지 않고 동행한다.
그의 정치에는
믿음, 성실, 겸손, 실천이라는 4가지 기둥이 있다.
그래서 우리는 김문수를 믿을 수 있고,
그가 다시 등장했을 때 반갑고,
그와 함께하고 싶은 마음이 든다.
신뢰의 리더십,
그것이 김문수 리더십의 핵심이다.

---

30. 김문수는 왜 다시 필요한가?

●

정치는 늘 새 얼굴을 찾는다.

변화를 갈망하고, 신선함을 기대하며,
기존의 정치인에게는 '퇴장'을 요구한다.
하지만 때로는,
진짜 필요한 사람은 이미 무대에 있었던 사람이다.
우리가 외면했을 뿐,
국민 곁을 떠난 적 없는 사람.
김문수는 그런 사람이다.
그는 한 번도 정치를 떠난 적이 없다.
비록 자리를 맡지 않았을지라도,
늘 국민 속에 머무르며 정치적 삶을 지속해 왔다.

지금 대한민국은 어디에 있는가

오늘의 대한민국은 위기의 한복판에 서 있다.
국민은 갈라졌고,
정치는 분열되었고,
지도자는 신뢰받지 못하고,
청년은 절망하고,
노인은 버려진 기분을 느끼며,
가정은 무너지고,
기업은 위축되고,
국가는 정체된 채 흔들리고 있다.

이 상황에서, 우리가 진정으로 필요한 것은
'말 잘하는 사람'도, '이미지 좋은 사람'도 아니다.
우리에겐 진심으로 국민을 사랑하는 지도자,
말보다 행동으로 증명한 사람,
절망을 희망으로 바꾸는 사람이 필요하다.

김문수는 여전히 시대를 앞서 있다

김문수는 정치의 가장 낮은 자리에서 시작했고,
가장 높은 자리를 바라보면서도
여전히 국민의 눈높이에서 생각하는 정치인이다.
그의 리더십은
과거의 것이 아니라,
오늘에 더 어울리고,
내일에도 여전히 유효하다.
그는
청년을 이해하고,
노동의 고통을 체험했고,
지역의 민심을 직접 느끼며,
정치를 사람과 삶의 문제로 여겨 온 사람이다.

이 시대는 '진짜 사람'이 필요하다

지금 한국 정치에는
이미지로만 포장된 인물,
말로만 열정을 외치는 정치인,
당선만을 목표로 움직이는 후보들이 많다.
그에 비해 김문수는
묵묵히 걸어온 길, 실천으로 다져진 길,
국민을 사랑한 세월 그 자체가 콘텐츠인 사람이다.
그는 화려하지 않지만, 단단하고
그는 빠르지 않지만, 꾸준하며
그는 자극적이지 않지만, 깊이가 있다
이런 사람을 다시 앞에 세우는 것,
그것이 우리가 희망을 다시 발견하는 길이다.

정리하며

김문수는 왜 다시 필요한가?
그는 국민을 대변할 수 있는
유일한 '비계산형 정치인'이기 때문이다.
그는 이미 이익과 명예에서 자유로운 사람이며,
지금 이 순간에도 국민을 향한 사명감으로 살아가는 사람이다.

그를 통해
우리는 정치가 다시 신뢰를 회복할 수 있음을 보고,
사람 중심의 리더십이 여전히 유효하다는 것을 알며,
한 사람의 진심이 한 나라의 방향을 바꿀 수 있다는 희망을 품게 된다.
그래서 김문수는,
다시 이 시대에 필요한 사람이다.

Part 6.

국민이 배워야 할
김문수 리더십

31. 행동이 사상이다:
일상 속 실천력

"사상은 말이 아니라 삶으로 증명되는 것이다."

이 말은 김문수 리더십의 핵심을 가장 간결하게 표현한다.

그가 평생을 걸쳐 실천해 온 정치와 인생의 원리는, 결코 화려한 언변이나 사상적 선언이 아닌, 일상의 '작은 실천'에서 비롯되었다.

김문수는 말보다 먼저 행동했고, 행동을 통해 사람들에게 감동을 주었다.

그의 리더십은 철학적 언어보다 발바닥으로 증명되었다.

실천이 없는 정치, 현실을 체험하지 않는 사상은 무의미하다고 그는 일관되게 강조해 왔다.

이론이 아니라 실천에서 출발한 정치

김문수는 1980년대 대표적인 노동운동가였다.

하지만 그는 결코 선동가가 아니었다.

수많은 지식인이 책상에서 혁명을 외칠 때, 김문수는 직접 공장으로 들어갔다.

고학력자이자 서울대를 졸업한 엘리트였지만, 학벌과 신분을 감추고 힘든 업종의 현장 노동자로 일했다.

'위장 취업'이라는 단어로 기억되는 그 시절은, 사실상 그의 사상과 실천의 출발점이었다.

그는 공장 노동자의 삶을 온몸으로 겪으며, 이념의 허구와 인간의 진실을 동시에 마주했다.

그곳에서 만난 사람들은 단순한 투쟁의 대상이 아니라, 한 사람 한 사람의 이름을 가진 이웃이었고, 가정을 책임지는 아버지였으며, 청춘을 바친 누이들이었다.

그들과 함께 일하고, 함께 밥을 먹고, 함께 구속되며 김문수는 깨달았다.

"이론은 사람을 움직이지 못한다. 진심과 땀, 그것만이 변화를 만든다."

정치인 김문수는 '현장'에 있었다

국회의원이 된 이후에도 그는 바뀌지 않았다.

서울과 부천, 경기도 곳곳을 걸으며 시민들의 이야기를 직접 들었다.

보고서를 읽기보다, 골목길을 돌며 상인의 눈빛을 보고, 아이들 놀이터에서 엄마들의 푸념을 들었다.

그의 말버릇처럼 "현장에 답이 있다"라는 신념은 입으로만 외친 구호가 아니었다.

경기도지사 재직 시절, 그는 직접 '택시 운전기사'로 근무를 했다.
탑승객들의 불평, 교통 혼잡, 승객의 안전, 장시간 노동의 현실까지 오롯이 경험하며, 그 결과 도입한 정책들은 탁상공론과는 다른 현장 중심의 해법이었다.
그는 새벽에 쓰레기를 줍고, 도청 앞에서 도민과의 약속을 지키기 위해 비를 맞으며 민원을 들었다.
이 모든 행보가 단순한 이벤트가 아니라, 그가 살아온 방식의 연장이었다.

"정치인이 되었다고 달라지는 게 아니라, 더 철저해져야 한다."는 원칙 아래 그는 모든 공직을 실천의 무대로 삼았다.

행동의 무게, 말 없는 감동

김문수의 정치에는 화려한 퍼포먼스가 없다.
그는 소셜미디어를 적극 활용하지 않았고, 기자를 데리고 다니며 일상을 기록하는 정치인이 아니었다.
그러나 시민들은 그를 기억했다.
이유는 단 하나, '보이지 않는 곳에서 일하고 있었다'는 믿음 때문이었다.

그가 어느 날 성남의 한 좁은 골목에서 쓰러져 있던 노인을 업고 병원까지 갔다가, 신분을 밝히지 않은 채 떠난 이야기는 지금도 지역 주민들 사이에서 회자된다.

김문수는 그런 일을 대단하게 여기지 않았다. 그는 늘 말했다.

"정치인은 사람들 앞에서가 아니라, 사람들 틈에서 살아야 합니다."

이처럼 '보이지 않는 실천'이야말로 그의 진정성이었다.

위기 속에서 더욱 빛난 실천

정치인의 삶에는 위기가 따른다. 김문수도 수많은 비난과 좌절의 시간을 겪었다.

그러나 그는 그 어떤 순간에도 '행동하는 정치인'의 길을 포기하지 않았다.

선거에서 패배한 이후에도 그는 낙담하지 않고, 오히려 더 많은 사람을 만나러 골목으로, 시장으로, 거리로 나섰다.

한 언론 인터뷰에서 그는 이렇게 말했다.

"힘들수록 밖으로 나가야 합니다.

내 힘으로 위로받는 것이 아니라,
다른 사람의 어려움을 들을 때
오히려 내가 살아있다는 걸 느낍니다."

이처럼 김문수에게 실천은 정신의 버팀목이자, 리더십의 핵심 기둥이었다.

실천 없는 정치의 공허함을 경계하며

오늘날 많은 정치인은 화려한 말과 이미지 전략에 치중한다. 하지만 김문수는 그와는 전혀 다른 길을 걸어왔다.

그는 말이 아닌 '발걸음'으로 증명했고, 연출된 감동이 아닌 '삶에서 우러난 진심'으로 사람들과 소통했다.

그는 한 청년과의 대화에서 이렇게 조언했다.

"너무 많은 꿈을 꾸지 말고,
하루를 성실하게 살아보세요.
그 하루가 쌓이면, 그게 바로 인생이고 정치입니다."

이 한마디는 정치뿐 아니라, 인생의 본질에 가까운 말이었다.

정리하며

김문수 리더십이 오늘날 더욱 절실히 요청되는 이유는,
그가 행동으로 말했던 정치인이기 때문이다.
그는 사상을 외치기보다, 실천함으로써
'정치가 얼마나 성실한 일인가'를 보여 주었다.
사상은 입으로만 외칠 때 위태롭고 위험하다.
그러나 삶으로 실천할 때, 그것은 감동이 되고 변화가 된다.
김문수는 우리에게 묻는다.

"당신은 어떤 사상을 어떻게 살고 있습니까?"

그 질문은 오늘도 여전히 유효하다.
그리고 그 물음 속에, 우리가 배워야 할
리더십의 본질이 담겨 있다.

---

32. 시대를 꿰뚫는 혜안과 철학

●

진정한 리더는 단지 눈앞의 현실을 수습하는 사람이 아니다.
그는 그 시대가 어디로 가고 있는지를 읽고,
그 흐름 속에서 국민이 나아가야 할 방향을 제시하는 사람이다.
김문수는 바로 그런 '시대 독해자'였다.
그는 정세를 읽는 탁월한 눈, 한 발 앞을 내다보는 감각,
그리고 그것을 실행할 용기를 갖춘 지도자였다.

노동 운동에서 정치로: 시대의 흐름을 꿰뚫다

1980년대, 지식인과 엘리트 대부분은 해외 유학이나 공무원의 길을 택했다.
하지만 김문수는 반대로 가장 낮은 곳인 노동 현장으로 들어갔다.
그의 선택은 단순한 이념적 실험이 아니었다.
그는 대한민국 사회가 겉으로는 산업화를 달성했지만,
그 이면에 보이지 않는 희생자들,
즉 '현장 노동자, 농민, 도시 빈민'의 삶이 방치되어 있다는 사실을 직감했다.
그는 말했다.

"국가가 발전해도 국민이 함께 웃지 못한다면,
그것은 진정한 발전이 아니다."

김문수는 정치에 입문하면서도,
노동운동가로서의 눈을 버리지 않았다.
오히려 그 경험을 바탕으로
'정책으로 구조를 바꾸는 길'을 선택했다.
이는 단순한 현실 적응이 아니라,
이념과 실천을 하나로 통합하는 지혜였다.

미래를 읽는 직관과 결단

경기도지사 재임 시절, 김문수는 수많은 혁신 정책을 주도했다.
수도권 규제 완화, 북부 지역 균형 발전,
경기도형 청년 정책과 무상급식 논쟁 등
굵직한 이슈에서 그는 늘 시류에 따르기보다 미래를 내다보는 리더십을 보여 주었다.
대표적인 사례가 GTX(수도권 광역급행철도) 사업이다.
이 사업은 초기에는 많은 반대와 회의론에 부딪혔다.
그러나 김문수는 수도권의 교통 문제를 단순한 불편이 아닌

'미래 세대의 삶의 질을 결정하는 핵심 문제'로 간주했다.

그는 이렇게 말했다.

"지금 하지 않으면, 10년 후에 수도권은 멈춥니다."

이러한 혜안은 결국 오늘날 수도권 교통 혁신의 출발점이 되었고,
시민들은 뒤늦게 그 비전의 정당성을 실감하게 되었다.

안보, 외교, 이념을 넘어선 현실적 통찰

김문수는 안보와 외교에 있어서도
흑백논리를 넘어서려는 균형감을 지녔다.
그는 진보 진영에 있을 때도 북한 정권의 폐쇄성과 인권 탄압을 강하게 비판했고,
보수 진영에 합류한 이후에도 사회적 약자와 서민의 고통에 침묵하지 않았다.
그는 이념보다 '현실에 도움이 되는가?'를 기준으로 삼았다.
한 회의에서 그는 이렇게 말했다.

"보수가 국민을 외면하면 몰락하고,
진보가 현실을 외면하면 공허해진다.
우리는 이제 실용의 시대로 나아가야 한다."

이 말은 보수와 진보 어느 진영에서도 화제가 되었으며,
그가 단순한 정파의 정치인이 아니라

'철학이 있는 실용가'라는 평가를 얻게 했다.

국가의 본질을 묻다: 정치가 국민을 위한다는 것

김문수는 끊임없이 묻는 사람이었다.

"정치는 누구를 위한 것인가?"

그는 답했다.

"국민을 위한 것이 아니라면, 정치란 존재할 이유가 없다."

그의 철학은 분명했다.
국가의 목적은 국민의 생명과 자유,
그리고 존엄을 지키는 것이며,
지도자의 책임은 이 세 가지를 실현하는 데 있다고 믿었다.
그는 정책회의 때마다

"이 정책이 도민에게 어떤 희망을 줄 수 있습니까?"라고 질문했다.

그 질문은 단순한 형식이 아니라,

'국가의 존재 이유'를 묻는 철학적 질문이었다.

종교와 철학, 인문학으로 다져진 내면

김문수는 기독교 신앙인이지만,
그의 세계관은 종교적 열정만으로 형성된 것이 아니었다.
그는 대학 시절부터 철학, 사학, 경제학, 사회학, 문학 등
다양한 인문학적 독서를 바탕으로 자신의 사상 체계를 세웠다.
그는 도지사 집무실 책상 위에 늘 『노자』와 『맹자』,
그리고 토인비와 매킨타이어의 저서를 두고 읽었다.
그는 종종 이렇게 말했다.

"정치는 결국 인간의 이해에서 출발해야 한다.
사람을 모르면, 그 어떤 정책도 성공할 수 없다."

이러한 철학은 그를 '결정의 순간'에서 흔들리지 않게 했다.
그리고 그 철학은 곧 국민의 신뢰로 이어졌다.

정리하며

김문수의 리더십은 단지 실천력만이 아니라

그 실천을 이끄는 철학과 통찰의 깊이에서 비롯된다.
그는 과거를 복기하며 현재를 직시하고,
미래를 준비하는 데 한 치의 소홀함도 없었다.
그는 이념에 빠지지 않으면서도 철학을 놓치지 않았고,
실용에 치우치지 않으면서도 현실을 간과하지 않았다.
오늘날 우리가 다시 김문수를 주목해야 하는 이유는,
그의 리더십이 단지 '선한 사람'이 아니라
'시대를 꿰뚫는 철학자적 정치인'의 모습을 갖추었기 때문이다.
철학 없는 정치가 표류하는 시대,
김문수는 우리에게 묻고 있다.

"당신은 지금 어떤 시대를 살고 있으며,
그 시대를 어떻게 읽고 있는가?"

33. 좌절 속에서도 희망을 붙드는 인내

●

진짜 리더는 실패와 좌절 앞에서 드러난다.
말이 아닌 태도, 이론이 아닌 행동,

그 사람이 위기 속에서 보여 준 '인내의 얼굴'이
곧 그 리더의 진정한 품격이다.
김문수는 여러 차례 정치적 패배를 겪었다.
당내 경선 낙마, 서울시장 선거 패배, 대통령 선거에서의 좌절...
정치인이라면 누구나 두려워할 이름 없는 시간 속에서
그는 분노도, 변명도, 회피도 없이 묵묵히 걸었다.
그리고 그 길 위에서 다시 희망을 준비했다.

낙선 이후, 다시 골목으로

2018년 서울시장 선거에서 박원순 후보에게 패배한 후,
김문수는 조용히 시민 속으로 들어갔다.
그는 '정치적 은퇴'를 선언하지도,
언론을 향해 아쉬움을 늘어놓지도 않았다.

대신, 그는 "사람들을 다시 만나러 간다."라며

시민들과의 접촉을 멈추지 않았다.
한 지인은 당시를 이렇게 회고한다.
"그는 아침이면 시장 골목을 돌았고,
낮에는 고시원 청년들과 밥을 먹었고,
저녁이면 자원봉사 활동에 나섰다.

패배한 정치인이 아니라, 시민으로 돌아간 사람이었다."
이런 그의 행보는 단순한 '패배의 미화'가 아니었다.
오히려 그 좌절 속에서도 국민을 위한 길을 계속 가겠다는 고백이자 고집이었다.

대통령 후보에서 탈락한 이후

2012년, 그는 새누리당 제18대 대통령 후보 경선에 나섰다가 박근혜 후보에게 고배를 마셨다.
당시 그는 정치적 재기를 위한 모든 것을 걸었지만,
결과는 기대에 미치지 못했다.
그러나 김문수는 이 패배를
다른 정치인과는 전혀 다른 방식으로 대응했다.
'반성과 고요함'을 택했다.
정치인을 넘어, 한 인간으로서 '내가 무엇을 놓쳤는가?'를 돌아보았다.
그리고 다시 기도로 시작했다.
그는 패배 직후 블로그에 이렇게 썼다.

"모든 길은 하나님께서 여시는 길이고,
닫히는 문에도 뜻이 있다.
내 몫은 다만 성실히, 겸손히, 오늘을 걷는 것뿐이다."

이 글은 단지 신앙의 고백이 아니라,
리더로서 좌절을 마주하는 그의 품격을 보여 주는 기록이었다.

실패의 시간, 자기 단련의 시간

김문수는 실패의 시간을 '휴식'이 아닌 '단련'의 시간으로 삼았다.
낙선 이후에도 그는 매일 새벽 5시에 일어나
묵상하고 기도하며, 도보로 걷고, 대중교통을 이용하고,
책을 읽으며 사색을 멈추지 않았다.
지인들은 그를 "고요하지만 절대로 무너지지 않는 사람"이라고 말한다.
이는 단지 멘탈의 문제가 아니라,
그가 평소 얼마나 내면의 질서와 훈련을 중요시했는지를 보여 준다.

진정한 리더는 '버티는 사람'이다

정치란 결국, 누가 더 오래 버티는가의 싸움이다.
하지만 그 버팀에는 품격과 방향이 있어야 한다.
김문수는 '자리를 지키는 인내'보다
'정신을 지키는 인내'를 택했다.
그는 선거에 지고도 국민을 원망하지 않았고,
정파에서 밀려나도 동지를 비난하지 않았다.

오히려 자신을 향해 칼날을 겨눴던 인물조차도
"그에게도 할 말이 있었을 것"이라며
오해를 감싸안았다.
이런 태도는 많은 이들에게 깊은 인상을 남겼고,
그를 '승리보다 실패에서 더 빛나는 사람'으로 보게 만들었다.

고난 속에서도 선한 영향력을

낙선한 이후에도 김문수는 각종 강연, 시민 토론, 대화, 간증집회 등에 꾸준히 참여했다.
그는 그 자리에서 과거의 영광을 말하지 않았고,
지금의 실패를 핑계 삼지 않았다.
대신 이렇게 말했다.

"고난은 피하려고 주어진 게 아니라,
견뎌 내고 넘어가라고 주어진 것이다.
내가 먼저 넘어가야, 누군가를 끌어줄 수 있습니다."

그는, 지도자는 '승자의 말'보다 '패자의 태도'에서 본받을 것이 많다고 강조했다.
그리고 실제로 그런 삶을 실천했다.

정리하며

김문수는 우리에게 말한다.
정치인은 승리로 기억되지만,
진짜 리더는 좌절 속에서 드러난다.
그가 걸어온 길은
비단 정치인의 길이 아니라,
삶의 고난 속에서 끝까지 버텨 낸 인간의 이야기였다.
오늘날 정치가 조롱받고,
지도자가 가벼워지는 시대 속에서
김문수는 '인내'라는 고전적 덕목으로
다시 한번 묻는다.
"당신은 고난 앞에서 어떻게 서 있는가?"

34. 기도하는 지도자, 무릎으로 다스리는 리더

●

정치란 무엇인가? 많은 이들이 권력의 기술이라고 말할 때,

김문수는 "정치는 무릎으로 시작된다."라고 말한다.

그가 말한 무릎은, 누구보다 낮은 자세로 국민을 섬기고,
그 누구보다 하나님 앞에 자신을 낮추는 겸손의 상징이었다.
기도하는 정치인 김문수.
그의 리더십은 입으로 외치는 언변이 아니라,
새벽마다 꿇은 무릎과, 하나님 앞에서 드리는 조용한 탄식에서 비롯되었다.

정치와 기도는 함께 갈 수 있는가?

현대 정치에서 '기도하는 정치인'은 낯설고 때로 비웃음을 사기도 한다.
정치는 계산과 타협, 이익과 숫자의 세계라는 편견이 강하기 때문이다.
그러나 김문수는 이 질문에 삶으로 답했다.

"나는 새벽마다 나라를 위해 기도합니다.
나의 부족함을 먼저 회개하고, 국민이 잘되게 해 달라고 간구합니다.
정치는 혼자 하는 것이 아니라,
하나님과 함께하는 것입니다."

그는 정치가 '하늘과 사람 사이의 연결 통로'라고 믿었다.

그래서 국민을 대변하는 일은, 곧 그들을 위한 중보기도와 같다고 생각했다.

이러한 믿음은 그가 어떤 결정 앞에서도 양심의 소리를 따를 길이 되었다.

새벽을 여는 무릎, 하루를 이끄는 중심

김문수는 30년 넘게 새벽기도를 이어온 사람이다.

경기도지사 시절, 매일 아침 5시에 일어나 기도한 후 도청으로 출근했다.

그는 이른 시간부터 각 부서의 보고서를 직접 검토하고,
직원들보다 먼저 사무실에 도착해 현안을 점검했다.
그러나 이 일의 출발은 항상 '기도'였다.
하루의 중심을 무릎에서 세우는 습관.
그것이 바로 김문수 리더십의 출발점이었다.
"도지사님이 자리에 안 계셔도
기도 중이거나 산책 중인 걸 알기 때문에
도청 직원 누구도 그분을 느긋하다고 생각하지 않았습니다."
기도는 그에게 종교적 의무가 아니라,
정치인으로서의 자기 점검과 민감성,
그리고 겸손을 회복하는 리더십의 훈련이었다.

위기의 순간, 무릎을 꿇다

김문수는 위기의 순간일수록 기도했다.
어떤 정치인은 위기 앞에서 기자회견장을 찾고,
또 어떤 이는 전략 회의를 소집한다.
그러나 김문수는 가장 먼저 기도실로 갔다.
서울시장 선거에서 낙선한 밤,
그는 가족들과 함께 조용히 예배를 드렸다.

"하나님, 저에게 왜 이 길을 허락하셨는지,
그 뜻이 무엇인지 알게 해 주세요."

그가 하나님께 드린 기도였다.
그의 부인은 이렇게 말했다.
"남편은 승리했을 때보다
지고 돌아온 날 더 조용했고, 더 단단해 보였습니다.
하나님 앞에 다시 쓰임 받겠다는 태도가 있었기 때문입니다."
이처럼 무릎은 그의 재기력이었고,
기도는 그의 정치를 다시 일으키는 힘이었다.

기도는 현실 도피가 아니라 책임의 표현

일각에서는 기도하는 정치인을 현실 도피적이라고 비판한다.
하지만 김문수는 그 반대였다.
기도는 오히려 그를 현실로 더욱 깊숙이 나아가게 했고,
국민의 아픔을 더 민감하게 느끼게 했다.
그는 말했다.

"기도는 도피가 아니라,
내가 어디서 무엇을 잘못하고 있는지를 돌아보게 하는

가장 정직한 자리입니다."
그렇기에 그는 매일 기도하면서도
그날 오후에는 직접 민원 현장을 방문했다.
신앙이 정치와 분리된 것이 아니라,
신앙이 정치의 윤리와 책임을 붙들어 주는 역할을 했던 것이다.

국민을 위한 기도, 나라를 위한 무릎

김문수는 늘 국민을 위한 기도를 멈추지 않았다.
그는 그 기도를 '중보의 기도'라고 불렀다.
지도자는 자신을 위해 기도하기보다

타인을 위해 먼저 무릎 꿇어야 한다는 확신이 있었다.
그가 했던 기도의 내용 중 하나는 다음과 같다.

"하나님, 제가 만나는 국민 한 사람 한 사람에게
작은 희망이 되게 해 주십시오.
제 말이 상처가 되지 않게 하시고,
제 침묵이 외면이 되지 않게 해 주십시오."

이러한 기도는 그를 위대한 정치인으로 만든 것이 아니라,
국민과 하나님 앞에서 진실한 사람으로 만들었다.

정리하며

김문수 리더십의 가장 깊은 뿌리는 무릎에 있다.
그는 권력의 정점이 아니라, 기도의 자리에서 정치의 시작을 보았다.
기도는 그의 리더십을 뿌리 깊게 만들었고,
매일 무릎 꿇는 겸손이 그의 판단을 정직하게 만들었다.
지도자가 기도한다는 것은
그가 약하다는 것이 아니라,
그가 더 강해지려는 방식이 다르다는 뜻이다.
김문수는 그런 방식으로 정치했고,
그런 방식으로 국민을 섬겼다.

35. 진영이 아닌 원칙과 정의로

•

대한민국 정치의 병폐 중 하나는 '진영 논리'다.
보수냐 진보냐, 좌파냐 우파냐, 우리 편이냐 적이냐—
이분법적 사고는 국민의 눈과 귀를 막고,
정책과 철학보다 정서와 혐오가 앞서는 사회를 만든다.
그런 풍토 속에서도
김문수는 진영의 유혹에 휘둘리지 않고,
오직 '원칙과 정의'라는 나침반을 붙든 리더였다.
그는 정치의 중심을 '내가 옳은가?'가 아니라
'지금 이 판단이 정의로운가?'로 옮긴 사람이다.

'진보'에서 '보수'로의 전환, 그 의미

김문수는 진보 진영에서 정치를 시작했다.
민주화운동가, 노동운동가, 민중당, 국회의원 출마….
그러나 그는 특정 진영의 '영웅'으로 머물지 않았다.
'정의가 있는 곳이라면', '국민이 있는 곳이라면'
그는 망설임 없이 스스로의 틀을 깨고 넘어섰다.

보수 정당으로의 합류는
당시 진보 진영 일부로부터 배신자로 낙인찍히는 계기가 되었지만,
그는 이렇게 말했다.
"나는 진보도 보수도 아닌,
대한민국이 옳은 방향으로 가는 길을 택했습니다."

이 말은 그의 정치 철학을 가장 잘 설명한다.
그에게 있어 중요한 것은 이념이 아니라,
국민을 위한 '방향'이었다.

불의엔 침묵하지 않고, 정의엔 침묵을 무릅쓰다

김문수는 때로 자신의 정치적 불이익을 감수하면서도
원칙을 지키는 발언을 멈추지 않았다.
자신을 지지했던 정치 세력의 잘못도 비판했고,
동료 정치인의 도덕적 일탈에도 입을 다물지 않았다.
그는 어떤 인터뷰에서 이렇게 말했다.

"내가 싫어하는 사람도 정의를 말할 수 있고,
내가 좋아하는 사람도 불의를 저지를 수 있습니다.
정치인은 입장이 아니라 원칙으로 말해야 합니다."

이런 자세는 늘 편한 길은 아니었다.
그러나 김문수는 자신이 옳다고 믿는 것을 말하는 데
두려움이 없었다.

보수 진영 내부에서도 당당히 말한 사람

김문수는 보수 진영에 몸담으면서도
보수 내부의 부패, 기득권, 경직성에 관해 쓴소리를 아끼지 않았다.
특히 대통령 탄핵 정국, 당내 계파 갈등,
민생보다 권력 투쟁에 몰두하는 흐름 속에서
그는 분명한 태도를 취했다.

"보수가 살아나려면 먼저 내부의 오만을 내려놓아야 합니다.
국민보다 위에 선 적이 없다는 걸 기억해야 합니다."

이 발언은 일부 보수 인사들의 비판을 불렀지만,
국민은 그를 '신뢰할 수 있는 정치인'으로 다시 보게 되었다.
진영의 관점이 아니라, 국민의 눈높이에서 판단하는 그의 태도가 오히려 더 깊은 공감을 얻었던 것이다.

어떤 시대에도 흔들리지 않는 기준

김문수가 여러 번 강조해 온 것은

"정치는 시대를 따라가되,
양심은 시대에 흔들리지 않아야 한다."라는 철학이다.

그는 정책이나 공약보다도
더 근본적인 '기준'을 세우는 데 집중했다.

'국민이 주인이다.', '법 앞에 평등하다.', '정치는 국민을 섬긴다.'

이 세 가지 원칙은 그가 정당을 옮기고,
역할이 바뀌고, 선거에서 승패를 가르더라도
결코 바꾸지 않은 기준이었다.

김문수가 던지는 물음

김문수는 사람들에게 늘 질문을 던졌다.

"당신은 진영을 따르고 있는가, 아니면 원칙을 지키고 있는가?"

그는 자신의 삶으로 답을 제시했다.
원칙은 불편하다. 정의는 외롭다.
그러나 그것이 바로
진짜 정치가 가야 할 길이라고 그는 믿었다.

"국민은 헷갈리는 것이 아니라,
정치인이 흔들리는 겁니다.
나는 혼란의 시대일수록
더 또렷하게 원칙을 붙들어야 한다고 믿습니다."

이 믿음은 오늘날 대한민국 정치에 가장 절실한 메시지다.

정리하며

김문수 리더십은 진영의 장벽을 넘어
'정의와 양심'이라는 가장 오래된 나침반으로
새로운 길을 열어 온 여정이다.
그는 자기편을 위해 정치를 하지 않았다.
국민 모두를 위해,
그리고 역사가 옳다고 인정할 그 길을 위해 걸었다.
정치가 갈라진 시대,
그가 보여 준 통합과 정의의 리더십은

지금도 우리에게 묻는다.
"당신의 판단 기준은 무엇입니까?
진영입니까, 정의입니까?"

Part 7.

선거에서 발휘될
김문수 리더십의 미래

36. 패배에도 남는 것:
김문수가 남긴 유산

정치의 세계는 승패로 말한다.
그러나 진정한 리더는 '패배'마저도 유산으로 남긴다.
김문수는 단 한 번도 대통령에 당선된 적 없지만,
그가 남긴 정치적 유산은 당선된 이들보다 더 깊고 넓다.
정치는 숫자의 게임 같지만,
국민의 마음에 남는 흔적은 숫자로 환산되지 않는다.
그는 선거의 결과보다, 살아온 과정을 유산으로 남긴 사람이다.

지지율보다 진정성으로 남은 이름

김문수는 늘 비주류였다.
그는 권력의 핵심부에 있던 정치인은 아니었고,
언론의 스포트라이트를 즐기는 정치 스타도 아니었다.
그러나 수많은 유권자가 선거가 끝난 뒤에도
그의 이름을 다시 떠올렸다.
왜일까?
그는 한결같았기 때문이다.

"말로 하는 정치는 잊히지만, 삶으로 보여 준 정치는 기억된다."라는 말처럼
김문수는 삶으로 정치했고, 정직하게 졌으며, 묵묵히 버텼다.

경기도지사 시절, 진심으로 다가선 행정

김문수의 경기도지사 재임 시절은
그가 남긴 실천적 유산의 결정체였다.
무상급식 논쟁 속에서도 보편복지의 방향을 고민하며,
정치적 신념이 아니라 아이들의 식탁을 먼저 생각했고,
대중교통의 혁신을 위해 버스노선 전면 개편에 나섰으며,
청년 실업 해소와 중소기업 지원에 집중하며
표가 아닌 사람을 위한 정책을 실현했다.
그의 도정에는 매일 아침 도청에 먼저 도착해
'리더십의 본보기'가 있었다.

유산은 물려주는 것이 아니라 보여 주는 것

김문수는 아들에게 자신의 정치 세력을 물려주지 않았다.
그는 계보 정치, 친인척 정치, 패거리 정치를 철저히 배격했다.
그의 유산은 오직 하나,

"정치는 성실함이다"라는 한 문장으로 요약된다.

그는 젊은 정치인들에게 이렇게 말했다.

"내가 물려줄 게 있다면,
그것은 신념을 잃지 않는 자세와
국민 앞에 부끄럽지 않은 하루입니다."

그의 정치가 남긴 유산은
구호나 공약이 아니라,
수많은 현장의 기억과, 그곳에서 땀 흘린 '모습'이다.

김문수의 유산은 혼자 만든 것이 아니다

그를 지켜본 국민이 있었고,
그와 함께 눈물 흘린 시민이 있었으며,
그를 진심으로 밀어준 청년, 노동자, 어르신, 종교인들이 있었다.
그가 도지사직을 내려놓던 날,
경기도청 광장에 모인 시민들은 손에 꽃 한 송이를 들고 있었다.
그날, 누군가는 눈물을 흘렸고,
누군가는 조용히 인사를 건넸다.
정치는 끝났지만,

그의 정치적 정신은 사람들의 마음에 계속 이어졌다.

김문수는 대통령 선거에서 떨어졌다

그러나 그는 선거 과정에서 '김문수다운 정치란 무엇인가?'를 보여 줬다.
거짓 없이 진심을 말했고,
국민과의 약속을 정치적 계산으로 재지 않았다.
그는 결과에 연연하기보다
과정에 충실했고,
선거 이후에도 말보다 삶으로 정치를 이어갔다.
이런 정치는 시간이 지나도 빛을 잃지 않는다.
이것이 품격이었다.

정리하며

패배한 정치인은 많다.
그러나 패배 후에도 국민에게 존경받는 정치인은 드물다.
김문수는 단지 '지지받았던 사람'이 아니라,
지지와 무관하게 '존중받는 사람'이다.
그가 남긴 유산은 명예도, 권력도 아니다.
그것은 국민과의 약속을 지키려 한

한 인간의 성실한 기록이며,
정치를 사람답게 만들고자 했던
하루하루의 쌓인 무게다.

김문수는 자문한다.

'당신은 어떤 과정을 남기고 싶은가?'

37. 차기 대선과 당의 혁신을 위한 좌표

•

대한민국 정치가 깊은 전환기에 접어들고 있다.
정당 정치의 위기, 리더십의 실종, 국민과의 단절.
이 세 가지 위협은 국민의힘이든 더불어민주당이든 피할 수 없는 시대적 도전이다.
그 가운데 '김문수'라는 이름은
단순히 한 사람의 정치 인생을 넘어,
당이 나아갈 길을 되묻는 좌표가 된다.
그는 이미 오래전부터 '정당의 혁신'을 외쳤고,

그 혁신은 외형이 아닌 정신과 태도에서 출발해야 한다고 주장해 왔다.

당의 위기는 국민과의 거리에서 시작된다

김문수는 "정당은 국민을 대변하는 기관이어야지, 정치인 자신을 위한 집단이 되어선 안 된다."라고 일관되게 말해 왔다.

그가 비판한 것은 단순한 파벌주의나 계파 갈등이 아니었다.
정당의 자의식 과잉, 국민 무시의 태도, 권력 유지를 위한 사리사욕이었다.
2020년대에 들어 국민의힘은 탄핵의 그늘, 리더십의 공백, 정강·정책의 부재로 수차례 위기를 겪었다.
김문수는 그때마다 단호하게 말했다.

"당이 죽는 이유는 선거에서 지기 때문이 아니라,
국민과 멀어졌기 때문입니다."

그는 당의 회복을 위해 국민과의 거리부터 좁혀야 한다고 주장했다.
그것이 곧 '김문수식 정당혁신론'의 출발점이다.

정당은 '사람'이 아니라 '가치'로 움직여야 한다

김문수가 오랫동안 강조해 온 정당 리더십의 본질은
바로 가치 중심의 정치다.
오늘날 대부분의 정당은 특정 인물 중심의 정체성을 갖는다.
그러나 그가 경계한 것은 바로 그 '인물 정치'의 폐해였다.

"한 사람의 인기에 기대는 정당은
그 사람이 무너지면 함께 무너집니다.
그러나 원칙과 가치를 가진 정당은
아무리 어려운 상황에서도 복원력이 있습니다."

그는 정당이 스스로의 철학,
즉 '왜 존재하는가?'의 답을 국민에게 설명할 수 있어야 한다고 말했다.
김문수가 강조한 국민의힘의 존재 이유는 간단했다.
자유민주주의를 지킨다.
시장경제의 공정한 질서를 확립한다.
국민의 안전과 국가의 정체성을 수호한다.
지역 갈등을 넘어 통합의 정치를 실현한다.
그는 이 네 가지를 국민의힘이 잊는 순간,
정당으로서의 생명력은 끝난다고 경고했다.

차기 대선, 단순한 정권교체론을 넘어야 한다

김문수는 차기 대선을 단순히 '정권 교체'나 '정권 연장'의 문제로 보지 않았다.

그는 "이 시대의 대통령은 '정권의 주인'이 아니라
'국민의 위임을 받은 정직한 집사'가 되어야 한다."라고 말했다.

2030년 대선은 한국 정치의 패러다임을 바꾸는 시험대가 될 것이다.
그는 말했다.

"누가 대통령이 되느냐도 중요하지만,
그 사람이 어떤 정신을 갖고 있는가가 더 중요합니다."

김문수 리더십은 다음과 같은 기준을 제시한다.
진영보다 원칙에 충실한 사람인가?
패자에게도 존중을 베풀 수 있는가?
국민의 눈높이에서 말하고 듣는가?
기득권이 아닌 약자를 위해 정치할 수 있는가?
무릎 꿇고 기도하며, 자신을 점검할 줄 아는가?
이 기준은 단지 윤리적 당위가 아니라,
미래 한국 사회에 필요한 통합형 리더십의 요구이기도 하다.

당의 리더십 구조를 바꾸는 근본 개혁이 필요하다

김문수는 정당이 진정으로 국민 속으로 들어가려면
다음 세 가지 구조 개혁이 필요하다고 역설해 왔다.
당 대표 직선제와 상향식 공천제도
- 지역 주민이 당의 후보를 직접 선택하도록 하는 시스템 구축
청년, 여성, 노동자, 장애인 등 소외 계층의 정치 참여 확대
- 정책위원회와 공천심사위원회 등에 반드시 30% 이상 참여 보장
연 2회 이상 정당 윤리보고서 발표
- 정당이 어떤 윤리적 기준을 갖고 움직였는지 국민에게 보고
이러한 제안은 기존 기득권 정치인들에게는 부담스러울 수 있으나,
김문수는 이에 굴하지 않았다.
그는 말했다.

"불편함이 없이는 혁신도 없습니다.
당이 새로워지려면, 먼저 내가 바뀌어야 합니다."

젊은 세대와 다시 연결되어야 할 정당

김문수는 2030 세대와의 단절이 가장 큰 위기라고 진단했다.
그는 경기도지사 시절부터 청년들과의 소통을 즐겼고,
대학 강연, 청년 좌담회, 대담 등 다양한 방법으로

그들의 언어를 배우고자 노력했다.
그는 단순히 '청년의 표'를 얻기 위한 제스처가 아니라
정치의 본질이 미래 세대와의 약속이라는 사실을 꿰뚫고 있었다.

"청년의 지지를 얻는 게 아니라,
청년이 기대할 수 있는 정당이 되는 것,
그것이 당의 혁신입니다."

김문수가 강조한 정당의 변화는
조직 개편이나 이미지 개선이 아니라,
'믿음을 줄 수 있는 태도 변화'였다.

정리하며

차기 대선은 단순한 정권 게임이 아니다.
이것은 한국 정치의 정신을 다시 세우는 싸움이며,
정당의 존재 이유를 증명하는 무대다.
김문수는 늘 정치의 중심을 '국민'에 두었다.
그는 진영을 넘어서고,
당 내부의 기득권과 맞서며,
새로운 정치를 상상할 수 있는 기준을 제시했다.
그의 리더십은

다음 대선의 후보에게, 그리고 당 전체에게
이 질문을 던진다.
"국민을 위한 정당, 정말 되고 있는가?"
"변화를 말할 자격, 행동으로 보여 줬는가?"

38. 원로의 길? 아니, 다시 시작되는 길

●

정치인의 일생에서,
한 번의 큰 선거를 치르고 난 뒤 걷는 길은 보통 '원로의 길'이다.
은퇴, 조언자, 자문역, 정치평론….
그러나 김문수는 그런 '예정된 퇴장'을 거부한 사람이다.
그는 선거에서 패배해도,
정치의 무대에서 멀어져도,

"나는 아직 끝나지 않았다."라고 선언했다.

그는 '정치 원로'가 아니라
새로운 시대를 여는 '행동하는 어른'이 되길 선택했다.

원로라는 말이 너무 이른 사람

김문수는 이미 70대를 넘긴 정치인이다.
수많은 선거를 치렀고, 국회의원과 경기도지사를 역임했으며,
대통령 후보로 나서기도 했다.
그러나 그의 행보는 여전히 왕성하다.
유튜브 방송, 시민 토론회, 청년 강연,
노동 현장과의 교류, 해외 선진 사례 연구 등
그는 여전히 '현장을 뛰는 사람'으로 살아간다.
그는 말했다.

"나이만으로 사람의 끝을 정하지 마십시오.
내게는 아직 국민과 나눌 열정이 남아 있습니다."

이 말은 단순한 자기 위안이 아니라,
그가 실제로 지금도 국민 속에서 '정치'를 계속하고 있음을 보여 준다.

퇴장이 아니라 새로운 시작

정치인은 자리에서 물러난다고 정치에서 사라지는 것이 아니다.
김문수는 그 누구보다도 이 사실을 잘 알고 있었다.
그는 공식적인 직함은 없지만,

'무직의 정치인'으로서 더욱 자유롭게, 더욱 깊게,
자신이 하고자 했던 일을 실천하고 있다.
신앙과 사회를 연결하고,
보수와 진보를 넘는 담론을 실험하고,
여러 계층의 오피니언 리더들을 만나고 있다.
그는 더 이상 대중 정치인의 무대에 서지 않지만,
국민 속에 더 깊이 들어가는 새로운 무대를 만들고 있다.

김문수가 꿈꾸는 정치는 아직 끝나지 않았다

김문수가 정치에서 이룬 업적보다 더 중요한 것은
그가 여전히 이루려는 꿈이다.
그는 말한다.

"진짜 정치인은 권력을 떠난 다음에 진짜가 드러납니다.
나는 이제야 정치의 본질에 더 가까워진 기분입니다."
그가 지금 하는 일은 단순한 봉사도, 강연도 아니다.

그는 여전히 정치하고 있고,
다만 그 방식이 국회나 공무원이 아닌,
국민 속으로 직접 들어가는 정치로 바뀌었을 뿐이다.
이것은 새로운 정치의 형태이며,

다시금 정치의 본령을 회복하려는 그의 '시민 리더십'이다.

다음 세대를 위한 헌신

김문수는 자신을 위해 사는 사람이 아니었다.
그는 항상 다음 세대를 고민했다.

"이 나라의 청년들이 꿈을 꿀 수 있도록,
내 남은 시간을 바치겠다."라는 말은 수사가 아니었다.

서울과 지방 곳곳에서 청년들과의 좌담회를 열고,
 정치 교육, 경제 교육, 역사에 관한 폭넓은 대화를 나누고 있으며, 청년들의 창업, 진로, 공동체 문제에 실질적 조언을 건넨다.
 그는 스스로 말한다.

"정치를 계속하고 있는 이유요?
우리 아이들에게 '그래도 이 나라는 희망이 있다'는
믿음을 남겨 주고 싶기 때문입니다."

참된 원로는 '조언'보다 '본보기'가 된다

많은 원로 정치인이 은퇴 후,
뒤에서 후배들을 비판하거나 조언만 던지고 물러선다.
하지만 김문수는 달랐다.
그는 여전히 앞서 걷는다.
비판 대신 현장으로 들어가고,
조언 대신 본을 보인다.
그가 청년들에게 가장 자주 하는 말은

"직접 해 보자."이다.
"정치도, 신앙도, 노동도, 기업도,
남이 해 준 말 듣지 말고,
네가 직접 부딪혀 봐야 진짜를 알 수 있다."

이 자세는
김문수가 퇴장하지 않는 이유이자,
그가 지금도 국민에게 희망을 주는 원천이다.

정리하며

정치에서 물러났다고 정치가 끝나는 것이 아니다.

김문수는 퇴장을 거부한 정치인이다.
그는 원로가 아니라,
'다시 시작하는 사람'이다.
그의 리더십은 직함이 아닌 '실천'에서 나왔고,
그 실천은 나이가 아닌 '의지'에서 비롯되었다.
그래서 김문수는 여전히 살아 있는 정치인이며,
앞으로도 많은 사람이 그의 리더십에서
배우고 도전받게 될 것이다.
정치적 은퇴가 아닌 새로운 정치를 살아내는 김문수.
그의 길은 끝이 아니라,
다음 세대를 위한 도약이다.

39. 김문수, 정치에서 정신으로

●

정치는 사람의 영역이자, 제도의 영역이다.
하지만 김문수의 정치 여정을 따라가다 보면,
그가 지향한 정치는 그 둘을 넘어선 '정신의 정치'에 가까웠다.
그는 권력을 좇는 것이 아니라

국민의 고통에 공명하려는 공감의 정신,
정책을 관철시키는 것이 아니라
국민의 삶에 봉사하려는 헌신의 정신,
대립과 경쟁이 아닌
통합과 공존의 화해의 정신을 지향했다.

정치는 곧 사람의 정신이 투영되는 일

김문수는 늘 말해 왔다.

"정치인은 제도의 집행자가 아니라,
시대정신을 담는 그릇이어야 합니다."

그는 현실 정치의 권력 게임에 치우치지 않으려 노력했고,
자신이 살아가는 시대의 본질을 파악하려 애썼다.
그 본질은 언제나 "국민을 어떻게 바라볼 것인가?"라는 물음에 귀결되었다.
김문수는, 정치란 곧 국민의 눈물을 닦아 주는 정신에서 출발해야 한다고 믿었다.
그래서 그는 늘 가난한 이웃을 돌아보았고,
현장에서 만난 사람들과 눈을 맞추며 이야기 나누는 것을 가장 중요한 정치라고 여겼다.

갈등을 넘는 정신, 통합을 향한 마음

오늘날 정치권은 갈등의 수렁에 빠져 있다.
정당은 진영 논리에 갇혀 있고,
정치인들은 반대를 위한 반대를 일삼는다.
그러나 김문수는 이 같은 정치를 깊이 우려했다.
그는 갈등의 정치를 넘어, 화해의 정치를 주창했다.
이는 단순한 이상이 아니라,
그가 직접 실천해 온 정치적 태도이기도 하다.
그는 진보 진영과의 대화도 마다하지 않았고,
이념이 다른 인사들과 토론하며 배움을 얻으려 했다.

비판하는 언론조차도 "듣고 배울 점이 있다."라고 말하며 겸손히 수용했다.

그의 통합 지향적 태도는 바로
정치를 '우리 대 너희'가 아니라 '함께 사는 일'로 여긴 데서 비롯되었다.

기도로 다듬어진 정치인의 정신

김문수는 매일 기도하는 정치인이었다.
그는 단순한 종교인이 아니라,

기도를 통해 자신의 마음을 성찰하고
정치인의 오만과 유혹을 경계했다.
그는 말했다.

"기도는 내가 중심이 되지 않게 하는 행위입니다.
내 생각을 내려놓고,
더 큰 뜻과 사람의 고통을 품게 하는
내 정치의 중심이 바로 기도입니다."

그에게 있어 정치의 길은 자신을 낮추는 수행의 길이었다.
국민을 섬기기 위해 먼저 자신을 다스리는
이 '기도하는 리더십'은
김문수만의 고유한 정치 정신을 완성시켰다.

'말하는 정치'에서 '존재하는 정치'로

오늘날 많은 정치인이 말을 앞세운다.
SNS에 글을 올리고, 언론에 출연하며,
화려한 메시지를 쏟아 낸다.

하지만 김문수는 "말이 아니라 존재로 보여 주는 정치"를 추구했다.

그는 말보다 행동,
행동보다 마음,
마음보다 정신의 일관성을 중요시했다.
그래서 김문수가 설사 많은 말을 하지 않아도,
사람들은 그의 행동에서
"이 사람은 믿을 수 있다."라는 느낌을 받았다.
그것이 바로 '존재의 힘'이었고,
그것이 김문수 정치의 본질이었다.

후대에 남겨질 정신의 유산

정치인은 결국 떠난다.
그러나 그가 남긴 정신은 남는다.
김문수가 지금까지 살아 낸 정치의 기록은
이 나라가 더 나은 방향으로 나아가기 위해
반드시 기억해야 할 정신의 유산이다.
정직하게 일하는 것
국민 앞에 겸손히 서는 것
신념을 지키되 타인을 배려하는 것
무릎 꿇고 기도하며 통찰을 구하는 것
이 모든 요소가 모여
김문수의 정치가 단순한 정치가 아니라

한 시대의 '정신사精神史'가 된 것이다.

정리하며

김문수는 더 이상 국회에 있지 않지만,
그의 리더십은 지금도 살아 있다.
그는 정치에서 물러났지만,
정신으로 국민 속에 남아 있다.
그의 리더십은 제도에 갇히지 않았고,
그의 영향력은 선거의 승패에 좌우되지 않았다.
왜냐하면 그는 말만 아닌,
삶으로 정치했고, 정신으로 살아 냈기 때문이다.
김문수는 우리에게 묻는다.

"당신은 무엇으로 정치하고 있습니까?
지금 당신의 정신은 국민을 향하고 있습니까?"

그 질문은
우리가 다시 정치와 삶을 돌아보게 만드는
깊은 울림으로 남는다.

40. 대통령이 되지 않아도 대통령 같은 사람

●

정치는 결과로 평가받는다.
대통령 선거는 오직 한 사람만을 위한 무대다.
그렇기에 대선에서 패배한 사람은
늘 '실패자'로 불리고,
정치 무대에서 조용히 사라지는 경우가 많다.
하지만 김문수는 다르다.
그는 대통령이 되지 않았지만,
많은 이의 마음속에선 대통령 같은 사람이었다.
그는 국가를 다스리지 않았지만,
자신의 삶과 공동체를 책임졌고,
그는 청와대에 들어가지 않았지만,
국민의 고통 속으로 먼저 들어갔다.

대통령은 자리에 있지 않고, 정신에 있다

김문수는 항상 말했다.

"대통령은 청와대에 있는 사람이 아니라,
국민을 가장 많이 사랑하는 사람입니다."

그는 대통령이라는 직함보다,
대통령이 되어야 할 태도와 정신을 먼저 갖추려 애썼다.
그는 늘 국민 앞에 겸손했다.
고통받는 이웃을 먼저 찾았고,
정치적 계산보다 도덕적 책임을 먼저 고려했다.
그래서 사람들은 김문수가 대통령이 되지 않았지만,
그가 가진 도덕적 권위와 인격적 설득력에 감동을 느꼈다.

청와대는 못 갔지만, 국민의 마음속엔 있었다

김문수는 제21대 대선에서 유권자의 선택을 받지 못했다.
하지만 그는 더 깊은 곳,
국민의 존경과 사랑을 받았다.
정치인은 때로 표를 얻을 수 있지만,
존경은 절대로 얻기 어렵다.
그 존경은 오직 삶의 진정성과 일관성으로만 주어진다.
김문수는 운동화를 신고 골목을 걸었고,
지하철을 타고 시민들과 대화를 나눴으며,
유명세보다 조용한 실천으로 감동을 주었다.

그가 어느 날 시장에서 구입한 두부를 들고
어르신의 집에 찾아가 나눠 먹은 이야기는,
그가 국민과 얼마나 가까이 있었는지를 보여 주는 상징적 장면이다.

대통령이 아니라도 대통령처럼 살 수 있다

김문수는 말한다.

"대통령이 되는 게 목적이 아니라,
대통령처럼 사는 게 중요합니다."

그는 명예와 권력이 아닌,
'국가를 위한 삶의 자세'가 중요하다고 강조했다.
국민을 위해 잠을 줄이고,
공동체를 위해 기도하며,
이 나라의 미래를 위해 고뇌하는 삶.
그는 이런 삶을 통해
'청와대 없는 대통령'의 모범을 보여 주었다.

국민이 기억하는 지도자는 따로 있다

대한민국의 헌정사는 많은 대통령을 배출했지만,
정말 오랫동안 국민의 기억에 남는 대통령은 많지 않다.
그 이유는 간단하다.
진심 없이 권력을 잡은 사람은 사라지지만,
진심으로 국민을 섬긴 사람은 영원히 남는다.
김문수는 국민의 진심을 얻은 정치인이었고,
그 진심은 선거가 끝나도, 자리가 없어도, 계속된다.
청년들이 그에게 "왜 아직도 현장에 계시냐?"라고 물었을 때,
그는 이렇게 답했다.

"나는 아직도 국민을 사랑합니다.
그래서 정치도, 봉사도, 나의 삶도
계속되어야 하지요."

대통령보다 위대한 사람, 국민의 지도자

김문수는 타이틀로 인정받는 리더가 아니라,
살아온 삶으로 존경받는 리더다.
그는 결과의 지도자가 아니라,
과정의 지도자로서,

국민을 향한 진심,
무릎 꿇고 기도하는 겸손,
절대 흔들리지 않는 원칙,
불이익을 감수하더라도 옳은 길을 가는 용기,
모든 삶을 통합하려는 지혜
이 모든 것을 통해
김문수는 대통령보다 더 위대한 리더십의 상징이 되었다.

정리하며

김문수는 대통령이 되지 않았지만,
그 누구보다 대통령처럼 살았다.
그는 외적인 권력을 가지지 않았지만,
내면의 신념과 국민의 신뢰를 얻었다.
그래서 우리는 말할 수 있다.
김문수는 '선출되지 않은 대통령'이며,
국민의 마음속에 오래도록 남을 진정한 지도자였다.
이 책의 마지막 페이지에 이르러
그의 삶과 리더십을 따라가며 우리는 묻게 된다.
"당신은 어떤 삶을 살고 있는가?"
"당신의 리더십은 사람들의 마음을 움직이고 있는가?"
김문수는 보여 주었다.

대통령이 되지 않아도,
국민에게 희망이 되는 사람이 될 수 있음을.
그 진실이야말로
이 시대가 가장 간절히 원하는 리더의 모습이 아닐까?

Part 8.

김문수가 꿈꾸는 미래 비전

41. 모두가 일하는 나라:
근로와 자립의 공동체

김문수는 늘 말해 왔다.

"일하는 사람이 존중받는 나라가 되어야
진짜 민주공화국입니다."

그에게 있어 노동은 단순한 생계의 수단이 아니었다.
노동은 인간의 존엄이 드러나는 자리이며,
국가의 건강성과 지속 가능성을 판단하는 가장 근본적인 척도였다.
그는 평생을 통해 '일하는 국민이 국가의 주인이다.'는 신념을 실천해 왔다.
이러한 철학은 단지 노동운동가 시절의 기억에 머물지 않고,
그의 정치 철학과 행정 정책의 중심축이 되었다.

김문수의 노동 철학: '노동은 신성하다'

1980년대, 서울대를 입학한 엘리트였던 김문수는
노동 현장에 위장 취업했다.

그의 노동은 위장도, 체험도 아니었다.
그는 땀을 흘리는 일꾼들과 똑같이 기계 앞에 섰고,
기숙사에서 함께 먹고 자며, 노동자의 삶을 온몸으로 체득했다.
그는 회고한다.

"내가 노동자들과 똑같은 하루를 보냈을 때
그들 눈빛에 진심이 담겨 있음을 느꼈습니다.
그 순간부터, 노동은 내 삶의 가장 깊은 가르침이 되었지요."

이런 삶의 바탕에서
그는 노동 없는 복지, 자립 없는 구호 정책에
일관된 비판적 태도를 견지해 왔다.
그에게 복지는 자립을 돕는 수단이어야지,
의존을 부추기는 제도가 되어선 안 되었다.

일자리 없는 복지 국가는 지속될 수 없다

김문수는 경기도지사 시절, 전국 광역자치단체장 중
유일하게 '노동정책담당관'을 신설했다.
단지 일자리 창출을 넘어
노동의 질 개선과 권익 보호를 중시한 실천적 리더십이었다.
그는 사회보장을 전면 부정하지 않았다.

그러나 복지의 핵심은 '일할 수 있게 만드는 환경'이라고 강조했다.
청년 실업을 단순히 구직수당으로 덮을 것이 아니라,
창업, 기술훈련, 직업정신을 함양하는 구조적 해결이 필요하다고 역설했다.

"일은 인간을 자유롭게 합니다.
구호는 인간을 의존하게 합니다.
복지란 일할 기회를 주는 것이어야 합니다."

이것이 김문수가 말한 자립형 공동체의 핵심이다.

'일하는 복지', '자립하는 나라'로 가야 한다

김문수는 정치인으로서
단기성과 중심의 '포퓰리즘 정책'에 관해 신랄한 비판을 해 왔다.
그는 장기적이고 실질적인 '국민의 자립 기반'을 구축하는 것이 진정한 지도자의 책무라고 보았다.
단기 현금성 지원보다 장기 직업교육 투자,
공공근로보다 사회적기업과 자영업 생태계 조성,
고용 불안정성 해소를 위한 직업훈련 시스템 확충.
그는 이러한 시스템적 개혁을 통해

대한민국이 '일하는 국민이 당당한 나라'가 되기를 소망했다.

노동은 사람을 사람답게 한다

김문수는 정치와 행정의 중심에서
끊임없이 노동의 가치를 회복하는 데 집중했다.

그는 "노동은 교육보다 더 교육적"이라고 말하곤 했다.

청소년의 진로 교육에도
고령자의 사회 참여에도
여성의 재취업 지원에도

핵심은 '일을 통해 삶의 의미를 찾게 하는 것'이었다.

노동이 단지 생계 수단이 아닌, 삶의 동력으로 작동할 수 있도록
사회가 뒷받침하는 정책 철학이 김문수 리더십의 핵심이었다.

정리하며: 김문수가 꿈꾸는 '일의 나라'

김문수가 꿈꾸는 미래는 단순히

'누구나 일할 수 있는 나라'를 넘어서,
'일이 존중받는 나라'
'일하는 사람이 국가를 이끄는 나라'
'자립이 가장 큰 복지인 나라'다.

그는 늘 말한다.

"나는 일을 사랑합니다.
그리고 일하는 국민이 이 나라의 희망입니다"라고.

이 단순하고도 진실된 믿음이
그의 리더십을 오늘날까지 지탱해 왔다.
그리고 이 철학이야말로
대한민국이 앞으로 가야 할 공동체적 비전의 출발점이 된다.

42. 부모가 존중받는 사회:

효와 가족 공동체의 회복

김문수가 가장 자주, 그리고 가장 뜨겁게 말한 단어 중 하나는 바로

'어머니'다.
그는 연설에서, 토론회에서, 인터뷰에서 자주 말했다.

"나는 어머니의 기도 덕분에 살아왔습니다."

그에게 있어 어머니는 단순한 개인적 기억을 넘는다.
어머니는 민족의 영혼이며, 효는 문명의 시작이다.
김문수가 꿈꾸는 미래 대한민국은
바로 이 부모 세대가 존중받고, 가족이 다시 중심이 되는 사회다.

어머니와 아버지를 잃은 시대

대한민국은 급속한 산업화와 도시화 속에서
가족 공동체의 해체를 겪었다.
부모는 노인이 되었고,
노인은 이제 돌봄의 대상이 아니라
부담의 대상처럼 여겨지는 세상이 되었다.
김문수는 이러한 흐름에 깊은 우려를 드러내며 말했다.

"부모가 존중받지 않는 나라는 반드시 무너집니다.
부모에게 효도하는 문화가 사라지면,
공동체의 뿌리는 뽑히게 됩니다."

그는 효孝가 단순한 윤리나 미풍양속이 아니라,
국가의 지속 가능성과 도덕적 근간이라고 강조한다.

'효孝'는 복지보다 앞서야 한다

김문수는 복지 정책보다 더 중요한 것이
가족의 복원력이라 보았다.
노인복지정책, 요양제도, 고령화 대응도 중요하지만,
가장 본질은 가족 안에서 정서적 관계와 책임이 회복되는 것이다.
홀로 사는 노인을 찾아가는 시스템보다,
가족이 함께 식사할 수 있는 문화를 복원하고,
부모님 생신에 모이는 것이 자연스러운 사회를 만드는 것.

김문수는, "효도는 정치가 만들 수 없다.
그러나 정치가 효도하기 좋은 사회로 만들 수는 있다."라고
했다.

그는 "부모를 위한 배려가 문화가 되고,
정책이 그것을 뒷받침해야 한다."라고도 강조했다.

경기도지사로서의 효행 실천

경기도지사 시절, 김문수는
'경로당 냉·난방 지원 강화', '노인 일자리 확대', '치매 조기진단 프로그램'을 도입했다.
그는 말로 효를 외친 것이 아니라,
정책으로 노인을 존중하는 사회의 초석을 쌓았다.
그뿐만 아니라 그는 직접 어르신들이 계신 현장을 자주 찾았다.
수원에서, 고양에서, 이천의 한 농촌에서
그는 어르신의 손을 잡고 함께 밥을 먹고, 이야기를 들었다.
그 자리에서 그는 "정치란 효도를 제도화하는 것"이라고 말하며,
노인들을 '존경받는 세대'로 세우기 위한 실천을 이어갔다.

가족이 살아야 나라가 산다

김문수는 가족 해체가 국가 해체의 시작이라고 보았다.
가족이 사라지면, 사회는 극심한 개인화·고립화·단절로 나아간다.
그는 특히 1인 가구 증가, 출산율 저하, 세대 간 갈등이 심화되는
오늘의 한국 사회를 가리켜 '가족의 위기'라고 표현했다.
그가 꿈꾸는 미래는 다음과 같다.
부부가 서로를 존중하며 대화하고,
자녀가 부모를 자연스럽게 공경하며,

조부모가 손주와 함께 밥을 먹는 사회.
이것이야말로 복지보다 앞선 가치,
'효 공동체'로서의 대한민국이다.

경륜을 무대에 올리자

김문수는 말한다.

"노인의 지혜와 경험이 사회의 자산으로 쓰이지 못하면
그건 사회가 어른을 잃은 것이다."

그는 노인 일자리 사업을 단순한 임시방편이 아닌
세대 통합과 사회 참여의 방식으로 접근했다.
경로당에서의 교육 봉사,
마을 해설사,
멘토링 프로그램 참여,
전통 기술 전수 활동 등
노인이 단순한 수혜자가 아니라
역할과 책임을 하는 사회 구성원이 되도록 정책을 설계했다.

고령사회는 사회적 재설계의 기회

고령화는 피할 수 없는 현실이지만,
김문수는 그 속에서 새로운 사회적 가치를 보았다.
100세 시대에 맞는 주거·교통·의료 시스템,
노인 친화적 도시 공간,
복지와 노동, 여가의 균형 설계,
세대 간 통합 플랫폼 구축 등
그는 고령사회를 생산적·창조적 전환의 기회로 삼자고 강조했다.
단순히 '부양 부담'을 걱정할 것이 아니라,
노인의 '잠재력'을 활용해야 한다는 것이다.

존중은 경제보다 문화의 문제

김문수는 어느 간담회에서 이런 말을 했다.

"노인에게 돈을 드릴 수는 있어도
존중을 드리긴 어렵습니다.
그건 문화의 문제이기 때문입니다."

그래서 그는
노인을 대상으로 한

디지털 소외 극복 교육,
문화예술 향유 프로그램,
청년과의 교류 프로젝트 등을 추진했다.
노인도 사회의 한복판에서
'내가 여전히 의미 있는 존재'임을 느끼게 해 주는 정책,
그것이 진정한 복지라는 철학이 깔려 있었다.

세대 간의 벽을 허물다

김문수는 '세대 간 전쟁'이라는 말을 가장 싫어했다.
청년과 노인을 이분법으로 나누는 정치 구도에
단호히 반대했다.

"청년은 도전이고, 노인은 지혜입니다.
둘이 함께할 때, 나라가 건강해집니다."

그래서 그는 세대 통합을 위한
다음과 같은 시도를 펼쳤다.
청년-노인 공동 주거 공간 시범 도입,
어르신-청년 동행 자원봉사 프로그램,
세대 간 영상 기록 프로젝트 지원
그는 늘 말했다.

"경륜은 다음 세대에게 가장 큰 선물입니다."

노년의 자립, 존엄의 실현

김문수는 노후의 삶이 의존이 아닌
자립적 존엄으로 이어져야 한다고 강조했다.
기초연금 확대와 안정적 지급,
의료 서비스 지역 격차 해소,
노인 대상 금융 사기 예방 시스템 강화,
건강한 식생활과 운동 프로그램 도입 등
그는 인간다운 노후를 단지 생존이 아닌
삶의 품격으로 접근했다.

"노인은 짐이 아닙니다.
그들이 만든 나라에서,
우리는 지금 살아가고 있습니다."

늙는 나라에서 성숙한 나라로

김문수가 꿈꾸는 대한민국은
늙어도 소외되지 않고,

나이 들어도 존중받으며,
노년에도 여전히 역할이 있는 나라다.
그는 말한다.

"고령사회는 새로운 문명입니다.
우리는 그 문명을 더 따뜻하고 지혜롭게 만들어야 합니다."

김문수의 노인 철학은
단지 복지의 문제가 아닌,
공동체의 정신과 품격을 되살리는 실천이었다.

청년들에게 남긴 말

김문수는 청년들과의 대화에서
효와 가족의 이야기를 자주 꺼낸다.

"부모님이 살아계실 때 잘하세요.
세상에서 가장 값진 일은
당신의 부모에게 따뜻한 밥 한 끼 대접하는 것입니다."

그 말은 감성적인 충고이기 전에,
공동체를 회복하는 지혜였고,

가치가 무너진 시대를 다시 세우는 리더십의 방향이었다.

정리하며: 부모가 존중받는 나라가 위대한 나라다

김문수가 꿈꾸는 대한민국은
경제가 강한 나라, 기술이 앞선 나라를 넘어서
사람이 따뜻한 나라,
그중에서도 부모를 존중하는 나라다.
그는 말한다.

"부모는 우리의 과거이자 미래입니다.
부모를 공경하는 것이,
결국 우리가 살고 싶은 나라를 만드는 일입니다."

오늘의 대한민국은
효가 사라진 세대에게 경고하고 있다.
김문수는 효를 문화로, 정책으로, 교육으로 되살려
가족 공동체의 회복을 통해
국가의 희망을 다시 세우고자 한다.

43. 청년이 꿈꾸는 나라:
용기와 도전의 청년 정신

김문수는 청년을 이야기할 때마다
단호한 목소리로 이렇게 말했다.

"청년이 포기하면 나라는 희망이 없습니다.
청년이 도전하지 않으면, 미래는 없습니다."

그에게 청년은 단순히 '젊은 세대'가 아니라
국가의 가능성 그 자체였다.
따라서 청년이 도전할 수 없는 나라,
실패가 낙인처럼 찍히는 사회에 그는 강한 문제의식을 가졌다.
김문수가 꿈꾸는 대한민국은

"청년이 '눈치 보는 사회'가 아니라,
열정을 불태우고 실패해도 다시 일어설 수 있는 나라"다.

그것이 바로 '청년이 꿈꾸는 나라'이며
'청년이 나라의 주인이 되는 미래'다.

포기하게 만드는 사회를 경계하라

김문수는 지금의 청년들에게
기회의 결핍보다 더 무서운 것은
꿈을 꾸지 않게 만드는 사회 분위기라고 했다.
고등학생은 입시 때문에 꿈을 접고,
대학생은 취업 스펙 쌓느라 열정을 잃고,
취업한 청년은 미래의 희망보다 생존의 불안에 짓눌린다.
그는 청년들이 이토록 위축된 현실에
국가가 응답해야 한다고 역설했다.
국가의 역할은 기회를 보장하는 것이지,
안전을 강요하는 것이 아니다.
김문수는 도전하는 청년에게
기회를 주는 정책, 실패를 용인하는 사회적 안전망,
그리고 '도전이 곧 미덕'이 되는 문화를 만들어야 한다고 강조했다.

실패해도 괜찮은 사회를 만들어야

김문수는 자신의 삶 속에서도
수많은 실패와 좌절을 겪었다.
선거의 패배, 오해와 비난, 정치적 고립.
그러나 그는 항상 다시 일어섰다.

"실패는 창피한 일이 아닙니다.
다시 일어나지 못하는 것이 진짜 실패입니다."

이런 믿음을 바탕으로 그는

청년들에게 "실패에 대해 당당하라."라고 말해 왔다.

그리고 국가는 그 실패를 지지하고 도와주는 동반자가 되어야 한다.
실패한 창업자에게 재도전 자금을 제공하고,
실패한 경험을 공유할 수 있는 플랫폼을 만들고,
'낙오자'가 아닌 '경험자'로 인정하는 문화가 필요하다고 보았다.
이처럼 실패를 자산으로 전환하는 사회,
그것이 청년이 다시 꿈꾸는 나라다.

청년이 도전하는 사회는 건강하다

김문수는 청년을 위한 정책이
단순한 복지나 혜택에 머물러선 안 된다고 보았다.
청년의 주도권과 책임감을 키워 주는 정책이어야 한다는 것이다.
창업과 기술 교육의 확대,
지역 청년 프로젝트 지원,
사회적기업, 협동조합 등 실험적인 사업에 관한 정부 지원,

청년의 정치 참여와 의사 결정 기회 확대.
그는 특히 청년의 정치 참여를 강조했다.
말로만 청년을 위한다고 하면서
정작 청년을 정책 결정에서 배제한다면
그건 '위선'이라고 강하게 비판했다.

청년은 특혜가 아닌 기회를 원한다

김문수는 청년들을 위한다며
무분별하게 제공되는 지원금이나 혜택에
비판적인 견해를 가졌다.
그는 청년이 진짜 원하는 것은
'특혜'가 아니라 '공정한 기회'이며,
'시혜'가 아니라 '실력으로 인정받을 수 있는 무대'라고 했다.

"청년은 가엾은 존재가 아닙니다.
청년은 가능성입니다.
다만 그 가능성을 펼칠 기회가 필요할 뿐입니다."

이런 시선은 청년을 존중하는
가장 진정성 있는 태도였다.

청년들과의 대화에서 나온 이야기들

김문수는 청년들을 만나면
마냥 위로하지 않는다.
오히려 뜨거운 눈빛으로 도전하라고 말한다.

"혼란스러운 시대일수록, 청년은 깨어 있어야 한다."
"진실을 따르고, 부끄럽지 않게 살아라."
"결정적인 순간에 '아니요'라고 말할 수 있는 용기를 가져라."

그는 기성세대가 청년을 탓할 게 아니라,
청년의 가능성을 이끄는 멘토가 되어야 한다고 믿었다.

정리하며: 청년이 살아야 나라가 산다

김문수가 말하는 청년 정신은
단지 젊음의 특권이 아니라,
국가를 다시 일으키는 불꽃이다.
그가 꿈꾸는 대한민국은
청년이 스스로 길을 찾고,
길을 뚫으며,
다른 사람까지 이끄는

'선구자 세대'로 살아가는 청년의 나라다.

"청년이 꺼지면, 나라는 꺼집니다.
청년이 다시 타오르면, 나라가 다시 살아납니다."

이제 대한민국은
청년을 걱정할 것이 아니라,
청년과 함께 희망을 그려야 할 때다.
김문수의 리더십은 바로 이 지점을 향해,
세대를 넘는 비전을 품고 있다.

44. 가정을 지키는 나라:
교육과 가족 중심 정책의 회복

"가정이 무너지면 나라가 무너집니다."

김문수가 정치의 중심에 두었던 가장 중요한 가치 중 하나는
바로 가정의 건강성이다.
그는 한 사회의 뿌리가 가정에 있으며,

가정이 안정될 때 국민이 행복하고
국민이 행복해야 진정한 정치가 시작된다고 믿었다.

"아이의 웃음은 나라의 웃음이고,
부모의 눈물은 국가의 책임입니다."

그는 가정이 흔들리는 원인을
경제, 문화, 교육, 정치 전반에서 찾았고,
이를 회복하기 위한 구체적인 대안을 지속적으로 제시해 왔다.

출산과 양육의 공포를 없애야 한다

김문수는 저출산 문제를 "단순한 인구 통계 문제가 아니라,
국민이 아이를 낳고 키우기 두려운 나라의 결과"라고 진단했다.
주거 불안정,
보육 인프라의 불균형,
경력 단절의 두려움,
육아의 사회적 고립 등은
모두 '아이를 낳지 않는 합리적인 선택'을 만들어 내는 구조였다.
그는 말한다.

"아이를 낳고 기를 수 있는 나라,

그 기본을 못 지키면 정치가 아닙니다."

이에 김문수는 다음과 같은 정책을 주장해 왔다.
임신부터 출산, 육아까지 전 생애 지원 시스템 구축
아빠의 육아휴직 장려와 유급휴직 확대
신혼부부 및 젊은 가족의 주거 안정 대책
동네 중심의 공동 육아 커뮤니티와 국공립 보육시설 확충
저출산 대응을 국가 전략으로 격상하는 컨트롤타워 도입

교육은 경쟁이 아니라 성장이어야 한다

김문수는 자녀 교육 문제에 있어서

"경쟁 중심의 교육은 가정을 병들게 한다."라고 지적했다.

그는 말했다.

"공부 잘하는 아이가 아니라,
자존감 있는 아이가 자라야 합니다."

그의 교육 철학은 다음과 같다.
학교는 지식보다 인격과 공동체성을 먼저 가르쳐야 한다.

부모의 소득이 아이의 꿈을 결정하지 않도록 교육 기회 평등을 강화해야 한다.
사교육보다 공교육을 신뢰할 수 있는 교육 시스템 회복이 필요하다.
입시 경쟁보다 진로 중심 교육이 중요하다.
이러한 철학은 서울대 출신이자 자녀를 키운 아버지로서,
그리고 도지사로서 교육 정책을 직접 시행한
현장 경험에서 비롯된 것이었다.

가족 해체의 시대, 공동체적 회복이 필요하다

김문수는 1인 가구의 증가, 이혼율의 상승, 가족 간 소통 단절 등을 단지 통계가 아닌 정신적 위기로 보았다.

그는 "가정이 해체되는 것은 곧 공동체의 해체"라고 보았고,

정치가 이를 회복하기 위해 적극 개입해야 한다고 주장했다.
가족 간 소통 회복 프로그램
세대 간 대화 촉진 교육
가족의 날 제정과 가정의 가치 회복 캠페인
육아·노인 부양의 공동화 시스템 확충
그는 종종 말했다.

"가정은 국가보다 먼저 시작된 사회입니다.
가정을 지키지 못하면,
우리는 어떤 국가를 꿈꾸는 겁니까?"

'가정 중심 사회'가 지속 가능한 대한민국의 기반이다

김문수는,

"정치가 결국 '한 가정을 더 행복하게 만들 수 있느냐'로 평가받아야 한다."라고 보았다.

그는 복지, 고용, 교육, 주거 등 모든 국가 정책의 기준이
'개인'이 아니라 '가정 단위'로 이동해야 한다고 강조했다.
가족 단위 정책 설계
가사노동의 사회적 가치 인정
일·가정 양립을 위한 유연근무제 확대
다문화·한부모 가정에 세심한 맞춤형 정책
그는 늘 국민의 가슴에 다가가는 정치를 꿈꾸며 말했다.

"가정은 민초의 성입니다.
그 성이 지켜질 때,
우리는 위대한 국민이 됩니다."

정리하며: 정치의 목표는 결국 '한 가정의 평화'

김문수가 그리는 미래의 대한민국은
아이들이 꿈을 꾸고,
부모가 눈물 흘리지 않고,
노부모가 존중받는 가정 중심 사회다.
그는 말한다.

"정치의 언어는 거창해도 좋습니다.
그러나 결국 그 언어는
부엌과 거실, 아이의 책상 위에서
증명되어야 합니다."

그렇기에 김문수의 미래 비전은
언제나 가장 작고 따뜻한 단위인 '가정'에서 출발한다.

---

45. 믿음이 숨 쉬는 자유의 공화국

●

김문수가 대통령 후보 시절 외쳤던 말 중 가장 사람들의 마음을 울린 한마디가 있다.

"나는 매일 기도합니다.
이 나라가 정의와 진실 위에 서기를."

김문수에게 기도는 종교적 행위 이상의 의미를 가진다.
그것은 한 인간으로서의 겸손,
한 정치인으로서의 책임,
그리고 한 나라를 향한 사랑과 염려의 표현이다.
그가 꿈꾸는 대한민국은
자유를 빼앗긴 채 억압당하는 나라가 아니라,
기도할 수 있는 자유가 살아 있고,
믿음을 표현할 수 있는 용기가 보장되는 정신의 공화국이다.

자유는 어디서 오는가? 신앙에서

김문수는 자유의 본질을 단순한 제도나 권리로 보지 않는다.
그는 진정한 자유는 양심과 신앙의 자유에서 비롯된다고 믿는다.

"양심의 자유가 없으면, 민주주의는 껍데기입니다.
기도조차 할 수 없는 사회는 결코 자유롭지 않습니다."

그는 북한을 비롯한 전체주의 국가들이
왜 종교와 기도를 억압하는지에 주목했다.
기도는 곧 절대권력에 맞서는 양심의 힘이기 때문이다.

그래서 김문수는 항상 "신앙이 있는 나라가 진짜 자유국가"라고 말해 왔다.

기도는 민심의 소리이자 나라의 기둥

김문수는 정치인의 바쁜 일정 중에도
매일 아침 기도를 거르지 않았다.
경기도지사 시절엔
국가와 국민을 위해 중보기도를 드렸다.
그는 이런 말을 남겼다.

"기도하지 않고 정치를 한다는 건,
백성이 아닌 권력만을 바라보는 일입니다."

그에게 있어 기도는
국민의 고통을 가슴에 품는 일이고,
권력자의 교만을 내려놓는 통로이며,
국가의 미래를 겸허히 맡기는 행위였다.

종교의 자유, 그리고 존중의 정치

김문수는 독실한 기독교인이지만
타 종교의 배척이 아니라
모든 신앙의 자유를 보장하는 헌법 정신을 중시했다.

그는 "자유는 차이와 함께 가야 진짜 자유다"라고 말한다.

기도하는 불자도, 성호를 긋는 천주교 신자도,
무신론자까지 포용하는 나라.
그 다양성이 존중될 때 진짜 '자유의 공화국'이 완성된다고 믿었다.

믿음이 있는 나라가 희망이 있다

김문수는 신앙을 개인의 위안이 아니라
공동체의 도덕적 기준으로 보았다.
기본적인 선과 악,
정의와 불의,
진실과 거짓의 기준이 사라지는 세상에서
기도와 믿음은 도덕의 마지막 울타리라고 강조했다.
그는 국가가 법만으로 사람을 이끌 수 없다고 믿는다.
법은 최소한을 지키지만,

믿음과 양심은 사람을 위대하게 만든다고 했다.

청년들에게 전한 영적 리더십

김문수는 청년들에게 이런 말을 자주 했다.

"이기고 싶거든, 무릎을 꿇으세요.
무릎 꿇는 기도가, 가장 강한 정치입니다."

그에게 리더십이란
강한 외침보다
고요한 기도에서 나오는 것이며,
군중의 함성보다
양심의 음성에 귀 기울이는 것이었다.

정리하며: 김문수가 그리는 자유의 공화국

김문수가 꿈꾸는 나라는
누구도 믿음을 이유로 차별받지 않고,
기도하는 사람의 눈물이 존중받으며,
신앙이 개인을 넘어 국가를 지탱하는 힘이 되는 나라.

그는 말했다.

"진짜 자유는 기도할 수 있는 자유입니다.
양심이 살아 있고, 진실을 말할 수 있는 사회가
우리가 지켜야 할 자유의 최후 보루입니다."

이 나라가 그렇게 되길 바라는 마음으로
김문수는 오늘도 기도한다.
그리고 우리에게 묻는다.

"당신은 자유를 위해 얼마나 기도하고 있습니까?"

46. 정의가 실현되는 나라:
법 위에 있는 양심의 힘

김문수는 정치인으로서 가장 많이 받았던 질문 중 하나가

"법을 어긴 사람에 어떻게 대하겠습니까?"라는 것이었다.

그때마다 그는 단호하면서도 이렇게 답했다.

"법보다 먼저 판단해야 할 것은 양심입니다.
법은 최소한을 다스리고,
양심은 최대한을 이끕니다."

김문수가 꿈꾸는 대한민국은
단지 법치국가에 그치지 않는다.

그는 "진정한 정의는 법의 조문을 넘어선 사람 중심의 정의"
라고 말한다.

법 위에 양심이 있고,
양심 위에 사람이 있다.

법은 도구이지 목적이 아니다

오늘날 정치인들과 권력자들이
법을 '수단'이 아니라 '무기'로 삼는 현실을
김문수는 깊이 우려한다.
법을 악용해 정적을 무너뜨리고,
법망을 피하기 위해 억지를 부리고,

법의 맹점을 이용해 부정을 합리화하는 일.
그는 이런 현실을 비판하며

"법의 이름으로 정의를 짓밟는 시대는
법치가 아니라 법의 폭력이 지배하는 시대"라고 지적한다.

그가 꿈꾸는 정의로운 국가는

"'법에 따른 처벌'보다
'양심에 따른 용기'가 살아 있는 나라"다.

정의란 약자를 위한 이름이다

김문수는 정의가
강자를 보호하는 논리가 되면 안 된다고 말한다.

"정의는 약자의 이름으로 말할 때
가장 진실하고, 가장 순수합니다."

그래서 그는 늘
소외된 자의 편에 섰고,
사회적 약자, 특히 노동자·노인·장애인·아이들의 권리를 실질적으로 보호하는 정책을 추구해 왔다.
그에게 정의란
단순한 '법의 형평'이 아니라
'사람을 살리는 질서'다.

사법 정의는 양심과 함께 작동해야 한다

김문수는 사법부에 존중을 강조하면서도
사법 정의가 국민의 양심과 괴리될 때
그 신뢰는 무너질 수 있다고 경고했다.
예컨대,
부패한 권력자가 무죄를 받는 상황,
정직한 시민이 억울하게 처벌받는 현실,
유전무죄 무전유죄 같은 편파적 판결.
이런 일들이 반복되면
법은 국민을 보호하는 방패가 아니라,
억압하는 벽이 된다.
그래서 그는 늘 사법권에

"양심이라는 나침반이 함께 작동해야 한다."라고 강조했다.

정의는 법 이전에 삶의 방식이다

김문수의 리더십은
'정의란 제도 이전에 태도'라는 믿음에서 시작된다.
그는 말한다.

"정의로운 사람이 모인 사회는
법이 없어도 평화롭습니다.
그러나 불의한 사람이 모이면
아무리 법이 많아도 혼란이 그치지 않습니다."

그는 법률적 정의뿐 아니라,
삶에서 실천하는 정의,
즉 '작은 정직', '작은 배려', '작은 약속'을
가장 강한 정의의 실천이라 여겼다.

정치인부터 정의로워야

김문수는 정치인이
법을 지키는 것에 만족해서는 안 되고,
양심의 소리에 귀 기울이는 리더가 되어야 한다고 말한다.
그는 청년 정치인들에게 이렇게 조언했다.

"법으로는 정당해도,
국민 눈에는 불공정할 수 있습니다.
그런 걸 민감하게 느끼는 게
정치인의 품격입니다."

그가 꿈꾸는 나라는
'법대로'의 나라를 넘어서
'양심대로' 살아도 안심할 수 있는 나라다.

정리하며: 법 위에 양심이 살아 있는 사회

김문수가 꿈꾸는 미래는
단지 헌법을 잘 지키는 나라가 아니다.
그 헌법의 정신을
사람의 양심으로 실천하는 공화국이다.
그는 말한다.

"법은 정치를 감시하지만,
양심은 정치를 살립니다.
법은 제재하지만,
양심은 감동하게 만듭니다."

정의는 법의 완성이 아니라
사람의 완성에서 비롯된다.
그리고 김문수는
그런 정의로운 사람들의 나라,
양심이 법 위에 있는 나라를
꿈꾸고 있다.

47. 약자를 지키는 복지 국가

●

김문수는 정치를 정의롭게 만들고 싶었다.
그 정의란, 법을 지키는 강자가 아니라
힘없는 사람을 지켜 주는 따뜻한 손길로 구현되는 것이었다.
그는 말한다.

"정의는 약자의 편에서 시작되어야 합니다.
강자에게 고개 숙이지 않고,
약자의 눈물을 닦아 주는 정치.
그게 내가 바라는 나라입니다."

김문수가 꿈꾸는 대한민국은
공정한 법과 제도로
소외된 사람, 가난한 사람, 불편한 사람의
편이 되어 주는 나라다.

'한 사람'의 고통에 민감한 리더십

김문수는 언제나 군중보다
한 사람의 아픔을 더 중요하게 여겼다.
정치인이 군중 속에서 인기만 쫓을 것이 아니라
혼자 소리 없이 울고 있는 사람을 찾아야 한다고 말한다.
노숙자 한 사람의 이름을 기억하고,
고시원에 사는 청년의 방을 찾고,
장애 아동 엄마의 이야기를 들으러 병원에 갔다.
이 모든 행보가 이벤트가 아닌,
그의 삶의 방식이었다.

"내가 만난 약자의 이야기는,
내 정치의 교과서였습니다."

복지란 '체면'이 아니라 '기회'

김문수는 복지를 시혜가 아니라 기회라고 본다.
'받는 사람'이 죄책감을 느끼는 복지가 아니라
다시 일어설 수 있게 도와주는 디딤돌이 돼야 한다고 믿었다.
경기도지사 시절 그는
청년 일자리 정책, 장애인 활동 보조 확대,
저소득층 주거 지원, 기초 생활자 의료비 지원 등
다양한 제도를 현실화했다.
그는 복지를 말로만 외치지 않고,
예산과 실행으로 증명했다.

"복지는 약자를 위한 투자이고,
투자는 미래를 위한 정의입니다."

약자를 '정치의 중심'으로

김문수는 강자의 로비가 통하는 정치가 아니라
약자의 목소리가 중심이 되는 정치를 꿈꿨다.
그래서 그는 항상 정치 일정을
장애인 단체와의 간담회,
노인정 방문,

여성 가장들과의 대화,
탈북민 상담 같은 자리로 채워 나갔다.

"국회 로비보다 시장 골목에서 더 많이 배웁니다.
국정 자료보다 청소 노동자의 말에 진심이 있습니다."

그는 정치인의 스피커보다
약자의 소리를 들을 수 있는 귀의 감수성을 강조했다.

일자리를 통한 자립, 존엄의 회복

김문수는

"복지보다 더 큰 복지는 일자리"라고 강조했다.

일자리를 통해 자립하고,
자립을 통해 존엄을 회복하는 국가
그것이 그의 실용적 이상이었다.
노인 일자리 사업 확대,
청년 창업 지원,
자활센터 운영,
마을기업 육성 등

경제적 약자에게 기회를 주는 시스템을 설계한 것이
그의 자랑이었다.

"우리는 누구에게 돈을 줄 것이 아니라
일할 기회를 줘야 합니다.
그 기회가 희망이 되고, 정의가 됩니다."

차별이 없는 나라, 품격 있는 나라

김문수는 차별을 가장 경계했다.
학벌, 성별, 출신, 이념, 장애 등
사람이 태어난 조건으로 말미암아
무시를 당하거나 억눌리는 사회를
가장 부끄러워했다.
그는 경기도에
다문화 가정 지원센터를 전국 최초로 확대했고,
학교 밖 청소년, 한부모 가정, 탈북민 등
기존의 틀에서 배제된 이들을 위한
사회 통합 시스템을 제안했다.

"사회의 품격은
가장 소외된 사람을 어떻게 대하느냐로 결정됩니다."

정리하며: 강한 나라보다 따뜻한 나라

김문수가 꿈꾸는 대한민국은
군사적 강국보다 도덕적 강국,
경제 대국보다 따뜻한 공동체,
1등보다 모두가 함께 가는 사회다.
그는 말한다.

"힘이 정의가 되어선 안 됩니다.
정의가 힘이 되는 나라를
우리는 만들 수 있습니다."

약자를 지키는 정치,
그것이 김문수가 바라는
정의롭고 아름다운 나라의 시작이다.

48. 신뢰받는 공공과 투명한 정부

•

김문수가 정치를 하면서 가장 경계한 말이 있다.
바로 '정치는 다 똑같다'는 냉소다.
그는 그런 말을 들을 때마다 마음 깊이 아파하며 이렇게 말하곤 했다.

"정치가 신뢰를 잃으면,
국민은 희망을 잃습니다.
정치는 깨끗해야 하고,
정부는 투명해야 합니다."

김문수가 꿈꾸는 나라는
정치와 행정이 국민에게 신뢰받는 사회,
공무원이 숨지 않고 국민 앞에 서는 나라다.
공공의 영역이 사적 이익이 아닌
공동의 선을 위한 도구가 되는 세상이다.

신뢰는 정직에서 시작된다

김문수는 정직이 리더십의 가장 강력한 무기라고 믿었다.
거짓말을 하지 않는 정치,
잘못했을 때는 즉시 사과하고 고치는 정치야말로
국민과의 관계를 지키는 유일한 길이라 강조했다.
그는 이렇게 말했다.

"신뢰는 언젠가 돌려받는 정치적 계산이 아닙니다.
오늘, 국민에게 얼마나 솔직했는가로 결정됩니다."

경기도지사 재임 시절,
그는 인사 비리, 예산 낭비, 공공기관 방만 운영에 관해
강력한 조사를 실시하고,
적발된 부서에선 책임자를 즉시 교체하거나
시민에게 공개 사과하는 방식을 고수했다.

투명한 정부는 국민을 존중하는 정부다

김문수는 "정부가 국민에게 정보를 숨긴다는 건
국민을 주인으로 인정하지 않는 것"이라며

정보 공개의 원칙을 철저히 지켜 왔다.
도정의 모든 사업비, 회의록, 민원 처리 현황을
홈페이지에 공개하고,
예산은 시민들과 함께 짜고,
정책 결정 과정에 '도민 참여단'을 구성해
투명한 논의 구조를 만들었다.

"국민이 감시하는 정부가

가장 깨끗한 정부입니다.
우리는 국민의 눈을 두려워해야 합니다."

'공무원'은 공복公僕이다

김문수는 공무원을 '국민의 종'이라 부르며,

그 말의 의미를 실제로 되새기게 만들었다.
민원 처리의 속도를 높이고,
현장 중심 행정을 도입하고,
공무원의 '책상 정치'가 아니라
'현장 정치'를 강조했다.
그는 경기도 공무원들에게
이런 말을 자주 했다.

"도청 안에만 있는 사람은
도민의 삶을 모릅니다.
골목길을 걷고, 시장을 찾고,
마을회관에서 도민의 눈을 보십시오."

이런 철학은
'현장 출근제', '주민과 함께하는 간담회' 등

실제 제도로도 이어졌다.

권력은 나눌수록 커진다

김문수는 권력의 분산이
민주주의의 본질이라고 보았다.
중앙정부 중심의 고압적 구조가 아닌
지방과 시민이 함께 결정하는 구조가
신뢰받는 정부의 출발점이라는 것이다.
그래서 그는
지방자치단체의 권한 강화를 위해
정부 부처에 수회 건의하고,
실제로 경기도 차원의 자율적 예산 편성,
지방 사무의 이양을 시도했다.

"권력을 움켜쥘수록 정치는 썩고,
나눌수록 맑아집니다."

신뢰를 다시 세우는 정치 문화

김문수는

"정치는 결국 문화다"라는 말을 자주 했다.

그는 정치인의 말과 태도,
회의 방식과 공적 예절,
토론의 품격 하나하나가
정치에 관한 국민의 신뢰를 결정한다고 보았다.
그래서 그는 항상
정치인 스스로의 품격을 지키고,
타인을 향한 조롱이나 폄하 발언을 삼가고,
오히려 상대에게 존중을 보내는 정치인을
더 많이 만들자고 주장했다.

"국민이 믿고 싶은 정치가 아니라,
믿을 수밖에 없는 정치를 해야 합니다."

정리하며: 공공의 얼굴을 다시 그리다

김문수가 꿈꾸는 대한민국은
숨기지 않는 정부,
속이지 않는 정치,
사익이 아닌 공동선을 추구하는 공공 영역이다.
그는 말한다.

"정부는 위대하지 않아도 됩니다.
다만, 정직하고, 성실하면 됩니다.
그게 국민의 신뢰를 얻는 길입니다."

그의 리더십은,
공공의 책임과 투명성이라는 가치를
몸으로 실천해 낸 희귀한 사례다.
그가 남긴 리더십은
오늘날 다시금 정부와 정치가 되돌아봐야 할 거울이 된다.

49. 국민이 나라의 주인 되는 정치

•

김문수는 정치란 무엇이냐는 질문에 항상 이렇게 대답해 왔다.

"정치는 국민의 것을 국민에게 되돌려드리는 일입니다.
나라의 주인은 국민이고,
정치는 그 주인을 섬기는 하인입니다."

그는 민주주의가 선거로만 완성되지 않는다고 강조한다.
단지 투표로 대표를 뽑는 것이 아니라,
일상의 모든 영역에서 국민이 참여하고 결정하고 평가하는 구조
그것이 김문수가 말하는 '살아 있는 정치'이며,
그가 꿈꾸는 국민 주권의 실현이다.

국민 없는 정치의 허상

김문수는 정치가 국민 위에 군림하는 모습에
항상 강한 거부감을 가졌다.
권력자 중심, 정당 중심, 이념 중심의 정치 구조는
국민을 '객석의 관객'으로 만들 뿐이라는 것이다.

"정치인은 배우가 아니라 대변인입니다.
국민의 생각을 읽고, 그 뜻을 정확히 전달해야 합니다."
그는 늘 "국민이 주인이 되어야 진짜 정치"라고 말했고,

"국민이 모르는 법안, 동의하지 않은 세금,
참여하지 못하는 결정은
민주주의가 아니라 정치의 사유화다"라고 비판했다.

참여가 곧 주권이다

김문수는

"참여 없는 주권은 껍데기"라고 말한다.

그래서 그는 다양한 방식의 국민 참여 정치를 주장해 왔다.
주민투표와 공청회,
숙의민주주의 방식의 시민위원회,
예산 편성과 정책 결정에 국민 의견 반영.
경기도지사 시절 그는
도민과 직접 토론하고,
주민 참여 예산 제도를 확대하며
정책 결정의 문을 넓혔다.
그 결과 도민들이 정치의 객체에서 행위자가 되는 경험을 갖게 되었고,
정책에 책임감과 관심도도 함께 높아졌다.

권력은 국민으로부터 나와야 한다

김문수는 헌법 제1조를 신앙처럼 여긴다.
"대한민국은 민주공화국이다.
모든 권력은 국민으로부터 나온다."

이 조항이 단지 헌법책에 있는 문구가 아니라
정치의 모든 순간에 새겨져야 할 절대 원칙이라는 것이다.
그래서 그는
권력자가 국민을 '가르치려는 태도'를 경계했고,
국민이 묻고 지시하고 평가하는 것을
가장 건강한 정치의 형태로 여겼다.

"정치는 위에서 아래로 내려가는 일이 아니라
아래에서 위로 올리는 일입니다."

권력을 나누는 것이 정치다

김문수는, 진정한 민주주의는
'권력의 집중'이 아니라
'권력의 분산'에 있다고 보았다.
행정부가 국회와 균형을 이루고,
중앙이 지방과 권한을 나누며,
정부가 시민사회와 권력을 공유할 때
비로소 국민이 권력을 실감할 수 있다는 것이다.
그는 정치인의 권력을 키우는 것보다
국민의 권리를 확장하는 것이
정치의 존재 이유라고 반복해서 말했다.

국민을 믿는 리더십

김문수는 정치인이 국민을 두려워해야
좋은 정치를 한다고 믿는다.

그는 "국민은 위대하다."라는 말을

수없이 반복하며,
국민의 진심 어린 신뢰를 기반으로 한 리더십을 실천해 왔다.

"국민을 의심하는 정치는 독재로 가고,
국민을 신뢰하는 정치는 자유로 나아갑니다."

그래서 그는 항상
정책을 만들 때도, 말을 할 때도
국민의 눈높이를 기준으로 삼았다.

정리하며: 주인이 존중받는 나라

김문수가 꿈꾸는 나라는
대통령이 아니라 국민이 중심이 되는 나라,
법이 아니라 양심으로 움직이는 정치,

국민의 참여로 이루어지는 민주주의다.
그는 이렇게 말한다.

"국민은 바보다? 아닙니다.
국민은 모든 걸 보고 있고,
결국 가장 옳은 길을 선택합니다.
정치인은 그 선택에 무릎 꿇을 줄 알아야 합니다."

김문수는 우리가 다시
국민이 주인 되는 정치를 회복해야 한다고 말한다.
그것이 바로 정치의 본질이며,
민주공화국 대한민국의 미래다.

50. 지방이 살아야 나라가 산다:

균형 발전과 자치의 철학

"수도권만 커지는 나라는 결국 전체가 망합니다."

김문수는 지방자치단체장이었다.

그러기에 그는 지방의 현실을 누구보다 정확히 알고 있었다.
서울과 수도권에 모든 자원이 집중되는 구조는
지방을 소멸로 이끄는 불균형의 악순환이었고,
그는 이를 정면으로 비판하며 균형 발전을 강력히 주장해 왔다.

"서울만 잘사는 나라가 아니라
시골도 희망이 있는 나라여야 합니다."

지방이 침묵하면 나라는 병든다

김문수는 "지방의 침묵은 곧 국가의 위기"라고 진단했다.

지방 소멸, 인구 유출, 고령화, 의료·교육 격차는
결코 지역의 문제만이 아니며,
대한민국 전체가 흔들리는 신호라고 보았다.
그는 도지사 시절,
경기도의 접경 지역, 농촌 지역, 낙후된 군 단위 지역들을
하나하나 돌며 다음과 같이 호소했다.

"지방을 살리자.
도시는 숨 좀 쉬고,
농촌은 사람이 돌아오게 하자."

이러한 말은 단순한 수사가 아니었다.
그의 정책은 실제로 수도권 내 격차 해소와
지방 인프라 재배치로 이어졌다.

지방분권은 정치의 상식이다

김문수는 중앙집권적 정치 구조를
오래도록 비판해 왔다.
그는 말한다.

"서울이 명령하고 지방이 따르는 구조는
비효율 그 자체입니다.
지방이 스스로 판단하고 결정할 권한을 가져야 합니다."

그가 꿈꾸는 지방자치는
단체장 권한 확대,
지역 교육 자율성 확보,
자치경찰제 강화,
지역 세입 자율 구조 개선 등
실질적인 권한 이양과 책임을 포함하는 것이었다.
그는 단호하게 주장했다.

"지방자치는 지방을 위한 것이 아니라
국가 전체를 위한 전략이다."

서울 중심의 개발에서 벗어나야 한다

그는 수도권 규제 완화 흐름에 반대하며,

"개발이 집중되면 지역은 사라진다."라고 경고했다.

수도권과 비수도권의 인프라 불균형,
기업 집중, 대학 통폐합, 청년 유출 현상은
이미 지방 소멸의 전조였기 때문이다.
이에 김문수는
기업 지방 이전 인센티브 확대,
대학의 지역 정착형 모델 유도,
지역 산업과 연계된 교육 과정 개편 등을
지속적으로 제안했다.

그는 "수도권 인구 집중을 분산시키는 일은
결국 국가 균형을 회복시키는 일"이라고 강조했다.

지역이 자립할 때 나라가 튼튼하다

김문수는 지방을 국가의 '말단'이 아니라
창조의 현장으로 보았다.
지역 특색 산업 육성
로컬푸드 운동, 로컬문화 콘텐츠 진흥
마을기업·사회적기업 육성 등을 통해
지방이 자립적 경제 주체가 되도록 해야 한다는 것이 그의 지론이었다.
그는 말했다.

"지방이 자립하면,
수도권도 숨 쉬고
나라도 더 건강해집니다."

삶의 질은 '현장'에서 결정된다

김문수는 '정치는 현장에 답이 있다.'는 철학을
지방 행정의 철학으로 발전시켰다.
서울에서 보는 통계가 아니라,
시골 마을버스 시간표,
읍내 병원의 대기 시간,
군 단위 청년센터의 실제 운영률이

바로 국민의 '삶의 질'이라는 것이다.
그는 중앙부처의 시각으로 만들어진 정책이
얼마나 지역과 괴리되는지를 고발하며,

'지방 스스로 설계하고 책임지는 행정'이

진정한 변화라고 역설했다.

정리하며: 지방이 희망이어야 나라가 희망이다

김문수의 지방 철학은

한마디로 '모두의 삶이 중심이 되는 나라'다.

그는 말한다.

"지역이 잘살아야
국민이 행복합니다.
지방을 외롭게 만들지 마십시오.
대한민국은 서울만의 나라가 아닙니다."

그가 꿈꾸는 미래는

수도권과 지방이 서로 도우며 성장하는
진짜 통합된 나라였다.
그 비전은 지금도 유효하며,
앞으로의 대한민국을 위한 강력한 나침반이다.

51. 나라다운 나라, 사람답게 사는 세상

•

"대한민국이 진정한 '나라다운 나라'가 되기를 꿈꿉니다.
그리고 그 나라는 국민 한 사람 한 사람이
사람답게 사는 나라여야 합니다."

김문수는 평생을 걸어오며 정치가 무엇이어야 하는가를
끊임없이 질문하고 실천해 온 사람이다.
그에게 '좋은 나라'란 GDP나 경제지표만으로 측정되지 않았다.
그보다 사람이 중심이 되는 나라,
사람이 존중받는 나라가 진짜 '나라다운 나라'였다.

'사람답게 산다'는 것은 어떤 의미인가?

김문수는 정치적 구호로서의 '복지'가 아니라,
실제 사람들의 삶 속에서 체감되는
'삶의 품격'이 중요하다고 보았다.
아플 때 걱정 없이 병원에 갈 수 있고,
늦은 밤에도 안전하게 거리를 걸을 수 있으며,
나이 들어도 소외되지 않고,
자식이 꿈을 말할 수 있는 나라.
그는 말했다.

"사람이 사람으로 존중받는 사회,
그것이 내가 꿈꾸는 나라의 기준입니다."

권력 중심이 아닌 국민 중심의 정치

김문수는 모든 정치권력이 국민에게서 나와야 한다는
헌법 정신을 깊이 믿었다.
그는 '정권 교체'가 아니라
'정치 문화의 전환'을 원했다.
국민이 주인이 되는 정당,
소수 의견이 존중되는 의회,

권한이 아니라 책임이 강조되는 정부.
그는 국민을 '동원 대상'이 아니라
참여 주체로 존중해야 한다고 보았다.
그래서 그는 선거철이 아닌 평소에도
늘 현장에서 국민과 소통하려 했다.

공정과 정의는 시대정신이다

김문수는 좌우 이념을 떠나
공정과 정의를 21세기 대한민국의 핵심 가치로 삼았다.
특권, 반칙, 기득권의 카르텔에 맞서
약자와 청년, 서민과 중소상공인을 위한 정치가
국가의 방향이 되어야 한다고 강조했다.

"공정하지 않으면 분노가 쌓입니다.
정의롭지 않으면 나라는 무너집니다."

그는 자신의 정치 인생에서
이념보다 정의,
권력보다 양심을 선택해 왔고,
그 가치는 그가 대통령 후보로 나섰던
가장 중요한 이유이기도 했다.

국민 통합, 서로 다른 이들을 껴안는 정치

김문수는 통합의 리더십을 강조했다.
지역, 세대, 계층, 성별, 이념의 벽을 넘어
서로를 이해하고, 끝내는 하나가 되는 정치를 꿈꾸었다.
그는 이렇게 말했다.

"우리는 너무 오랫동안 편을 갈랐습니다.
이제는 함께 길을 찾을 때입니다."

김문수는 통합이란
억지로 한 목소리를 강요하는 것이 아니라,
다양한 목소리를 존중하고 경청하는 리더십이라고 보았다.
그것이야말로 나라를 나라답게 만드는 기본이었다.

정의와 사랑, 두 축 위에 세워진 대한민국

김문수는 마지막으로 '정의'와 '사랑'을 강조한다.
정의는 질서를 세우고,
사랑은 사람을 살린다.
그는 정치가 이 두 가지 균형 위에 설 때
비로소 국민이 사람답게 살 수 있다고 믿었다.

"정의만 있고 사랑이 없으면 메마르고,
사랑만 있고 정의가 없으면 흔들립니다.

대한민국은 정의롭고,
동시에 따뜻한 나라가 되어야 합니다."

정리하며: 사람이 먼저인 정치, 국민이 주인인 나라

김문수가 꿈꾸는 미래는
복잡하거나 거창하지 않다.
그것은 단 한 문장으로 요약될 수 있다.

"사람이 중심이 되는 나라."

김문수의 리더십은
그가 직접 걷고, 듣고, 감동한 수많은 삶의 자리에서
길어 올린 한 줄기 진심이다.
그 진심은
이 땅의 모든 국민이 '사람답게 사는' 날까지
멈추지 않을 것이다.

52. 통일을 준비하는 실용의 국가 전략

•

김문수가 정치인으로서 가장 일관되게 외쳐 온 주제 중 하나는 바로 '통일'이다.

그는 "분단은 기적이 아니라 고통이다"라고 말하며,

통일은 선택이 아니라 준비해야 할 현실이라고 강조해 왔다.

"대한민국의 미래는 통일에 달려 있습니다.
분단을 관리하는 정치는 미래가 없습니다.
우리는 통일을 준비해야 합니다. 지금 당장."

그의 통일관은 단순한 민족 감성이나 정치 구호가 아니라 현실적이고 실용적인 접근을 기반으로 한 전략적 비전이다.

통일은 감정이 아니라 시스템이다

김문수는 통일을 '가슴'으로만 외쳐서는 안 된다고 말한다.

눈물과 감동이 아니라,
경제·사회·안보 시스템의 철저한 준비가 필요하다는 것이다.
북한 주민의 인권과 생계,
인프라 구축, 교육, 주거, 보건 시스템,
이질화된 경제 체계 통합 방안,
주민 수용성 제고와 사회적 갈등 완화 전략.
그는 통일을 위해 감성보다 제도와 로드맵이 먼저 구축되어야 한다고 강조했다.

"통일은 전쟁으로 오는 것이 아니라
준비된 평화로 오는 것입니다."

남북한 주민의 '삶의 질' 격차 해소

김문수는 "통일의 가장 큰 장벽은 군사나 이념이 아니라 '삶의 질' 격차"라고 본다.

"북한 주민들이 스스로 남한을 원해야 가능성이 열리고, 그들을 위한 생존 기반, 교육 기회, 의료 복지가 준비되지 않으면 통일은 오히려 더 큰 불행이 될 수 있다."라고 경고한다.

그래서 그는 "북한 지역을 위한 '남북 협력 특별지구',

평양 중심이 아닌 지방 도시부터 시작하는 점진적 통합,
민간 중심의 농업, 보건, 직업훈련 프로그램 확산 등을 제안"해 왔다.

통일을 위한 청년 세대의 각성

김문수는 통일이 점점 젊은 세대에게 남의 일이 되고 있는 현실을 우려했다.

"통일을 외치는 어른은 많지만
통일을 준비하는 청년은 적습니다.
이 간극을 메우지 않으면
통일은 영영 우리의 미래가 될 수 없습니다."

그는 청년들에게

"통일은 경제의 기회이며,
리더십의 훈련장이며,
공동체 정신의 완성"이라고 말한다.

그에게 청년은 단지 통일의 대상이 아니라, 주체였다.

통일은 정치가 아니라 생활이다

김문수는 통일을 정치인들만 외치는 의제가 아니라,
국민이 일상의 문제로 느껴야 한다고 주장한다.
식탁에서 북한 음식을 이야기하고,
뉴스에서 탈북민의 삶을 이해하며,
초등학교 교과서에서 분단의 아픔을 배우고,
거리에서 통일을 위한 봉사를 경험하게 하는 것.
이런 생활 속 통일 운동이
결국 국민의 공감과 참여를 불러일으킨다는 것이다.

그는 "통일은 매일 먹는 밥, 매일 보는 뉴스, 매일 걷는 길이어야 한다"라는 말을 남겼다.

자유민주적 통일이 원칙이다

김문수는 통일에 있어 가장 중요한 것은
자유민주주의의 원칙을 지키는 것이라고 강조한다.
그는 북한 체제의 묵인이나 타협을 경계하며,
북한 주민의 자유와 인권이 존중받는 체제가 전제되지 않으면
진정한 통일은 이뤄질 수 없다고 말한다.

"인권 없는 통일은,
또 다른 독재의 연장이 될 뿐입니다."

그는 또 "북한 동포도 대한민국 국민"이라며,
'먼저 사람을 살리고,
그다음에 땅을 잇자.'는 통일 철학을 실천해 왔다.

정리하며: 준비된 통일, 실용의 통일

김문수가 꿈꾸는 통일은
이념적 통일이 아니라
사람 중심의 통일,
민족적 감정이 아니라
현실적 연대의 통일이다.
그는 말한다.

"통일은 기다린다고 오지 않습니다.
준비하는 자에게만 문이 열립니다.
실용의 전략과 국민의 참여,
그것이 통일의 열쇠입니다."

김문수의 리더십은

분단의 고통 속에서도
미래를 준비하는 용기였다.
그리고 그 용기는
지금 이 순간에도 우리에게
새로운 통일의 길을 제시하고 있다.

53. 세계 속의 위대한 대한민국, GREAT KOREA

"이 작은 나라, 이 위대한 민족이
이제는 세계를 향해 날아올라야 할 때입니다."

김문수는 '대한민국의 미래'를 말할 때,
결코 소극적이지 않았다.
그는 늘 크고 담대한 꿈을 말했다.
고난의 역사, 분단의 현실, 불확실한 국제 정세 속에서도
대한민국은 반드시 세계 속의 리더 국가가 될 수 있다는
확고한 비전을 품고 있었다.

그는 말했다.

"대한민국은 기적을 일으킨 나라입니다.
그런데 왜 자꾸 작게 말합니까?
우리는 더 큰 꿈을 꿔야 합니다.
세계 속의 위대한 대한민국을 향해!"

KOREA, 세계가 주목하는 나라

김문수는 대한민국이 이미 세계 무대에서
더 이상 변방이 아님을 강조했다.
BTS와 K-콘텐츠,
반도체와 첨단 기술,
민주주의와 시민운동,
의료와 방역,
교육열과 창업정신,
모든 것이 세계가 주목하는 자산이었다.
그는 대한민국의 강점을 이렇게 정리했다.

"우리는 지혜 있고, 근면하며, 역경에 강한 민족입니다.
자랑스러워하십시오.
그게 바로 대한민국의 DNA입니다."

위대한 나라는 '꿈을 잃지 않는 나라'

김문수는 'GREAT KOREA'라는 말을 자주 썼다.

그는 단순히 국력이 강해지는 것을 넘어,
정신적으로 위대한 나라를 말한다.
국민이 희망을 품고
젊은이가 도전하며
노인이 존중받고
약자가 보호받으며
정의가 승리하는 나라.
그는 말한다.

"강한 나라가 아니라,
위대한 나라가 되자."

분단을 넘어 통일로, 세계 평화를 이끄는 나라

그가 가장 간절하게 꿈꾼 미래는
평화로 통일된 대한민국이었다.
김문수는 분단된 현실에 익숙해지는 것을 경계했다.

"분단은 비정상입니다.
통일은 민족의 숙명이며,
인류의 희망입니다."

그는

"통일 대한민국이
북한 주민을 자유와 인간다운 삶으로 이끌고,
동북아의 균형자 역할을 하며,
세계 평화를 선도하는 '전략 국가'가 될 수 있다."라고 보았다.

기술, 인재, 정신력으로 미래를 선도하자

김문수는 대한민국의 가장 큰 자산은
'사람'이라고 믿었다.
그는 정치의 중심이 교육과 기술 개발, 청년 지원에
집중되어야 한다고 보았다.
인공지능, 반도체, 우주·로봇 분야의 국가 집중 투자,
전 국민 평생교육 체제,
청년 스타트업과 글로벌 진출의 시스템화,
세계와 경쟁하는 '글로벌 코리안 리더십' 양성.
그는 말했다.

"우리는 전쟁 폐허 속에서도 일어섰습니다.
이제는 기술과 인재로 세계를 이끌 차례입니다."

GREAT KOREA: 다섯 가지 비전

김문수가 정의한 위대한 대한민국은 다음의 5가지 비전을 갖는다.
G – Good Governance (좋은 정치)
투명하고 책임 있는 정치, 국민을 위한 정치
R – Respect for All (모두에 대한 존중)
남녀노소, 계층과 이념을 넘어 모두를 존중하는 사회
E – Education & Innovation (교육과 혁신)
창의적 인재 육성과 미래 기술 중심 국가
A – Active Unity (적극적 통합)
지역·세대·이념 통합을 이끄는 리더 국가
T – Trust & Truth (신뢰와 진실)
신뢰로 움직이고 진실을 말하는 윤리적 국가
이것이 김문수가 꿈꾸는 대한민국의 미래이자
세계 속에서 빛나는 이름 'GREAT KOREA'의 의미이다.

정리하며: 위대한 대한민국은 가능하다

김문수는 단호히 말했다.

"지금도 충분히 자랑스럽지만,
우리는 더 위대한 나라가 될 수 있습니다.
세계가 우리를 부러워하도록,
우리 스스로를 존중해야 합니다."

그는 '작은 자존심'이 아닌,
크고 깊은 자부심으로
다음 세대에게 희망을 남기고자 했다.
그가 말하는 리더십은
단지 정치의 승패가 아니라,
민족 전체의 비전이었다.
그리고 그 비전은
'김문수'라는 한 사람을 넘어,
대한민국을 사랑하는 모든 이의 몫으로
지금 이 순간에도 살아 숨 쉬고 있다.

에필로그

대한민국은 어떤 리더를 원하는가?

대한민국은 지금, 깊은 고민에 빠져 있다.
정치는 국민의 마음을 읽지 못하고,
지도자는 국민 위에 군림하려 한다.
국민은 더 이상 말 잘하는 리더를 원하지 않는다.
오히려 진심으로 듣고, 함께 걸어주는 지도자를 갈망한다.

이 책은 바로 그런 물음에서 시작되었다.
"과연 오늘의 대한민국에 필요한 리더는 누구인가?"
우리는 김문수를 통해 그 답을 찾아본다.
말보다 행동으로 보여 주는 사람.
이념보다 인간을 먼저 보는 사람.
자기희생을 정치의 시작이라 여기는 사람.
낮은 곳에 머물며 고통받는 이들의 눈을 마주 보는 사람.
가족을 사랑하고 국민을 아끼며,
기도하고 걷고 또 듣는 사람.

그는 완벽하지 않다.
그도 실수했고, 패배했고, 비판받았다.

하지만 그의 리더십은 끝까지 진심이었다.
욕망으로 움직이지 않았고,
진영의 꼭두각시가 되지 않았다.
국민 속에서 국민의 눈으로 정치를 해 왔다.
그런 지도자는 드물다.
그래서 김문수는 특별하다.
정치인의 겉모습이 아니라,
인간 김문수의 진심과 실천,
그 속에 국민이 기대고 싶은 리더상이 있다.
이 책은 단지 한 정치인의 삶을 기록한 책이 아니다.
대한민국의 내일을 책임질 지도자가 어떤 사람이어야 하는지,
국민과 나라에 진정으로 필요한 리더의 모습이 무엇인지, 그 원형을
묻고 답하는 책이다.

우리는 이제 김문수를 통해 한 가지 분명히 말할 수 있다.
"국민이 원하는 지도자는
가장 먼저 국민을 위해 무릎 꿇고,
가장 나중에 자신의 자리를 생각하는 사람이다"라고.

이 책을 덮으며,
한 사람의 리더십이
한 시대를 이끌고,
한 나라의 품격을 결정짓는다는 것을 다시금 느낀다.

지금 우리에게는
'김문수 같은 사람'이 필요하다.
그가 다시 시대의 중심으로 불리는 날,
대한민국은 더 나은 내일을 향해
한 걸음 나아갈 수 있을 것이다.

2025 여름